52
38

(Par Josserand.)

NOTICE HISTORIQUE

SUR

L'ÉTABLISSEMENT DE LA RÉPUBLIQUE

DANS LE DÉPARTEMENT DE L'AIN.

NOTICE HISTORIQUE

SUR L'ÉTABLISSEMENT

DE LA

RÉPUBLIQUE

DANS LE DÉPARTEMENT DE L'AIN.

PAR

Un Membre de la Société d'Emulation de l'Ain.

BOURG-EN-BRESSE,

IMPRIMERIE DE MILLIET-BOTTIER.

—

1850.

NOTICE

SUR

L'ÉTABLISSEMENT DE LA RÉPUBLIQUE

DANS LE DÉPARTEMENT DE L'AIN.

I. — Préliminaires.

L'établissement de la République n'a point été signalé, dans le département de l'Ain, par des commotions violentes. Le nouveau régime n'a point vu naître et éclater de ces agitations sanglantes, qui ont laissé ailleurs des traces si lamentables.

Cependant, des faits étranges se sont produits au milieu de nos paisibles populations. Par suite de dissentimens politiques et de rivalités personnelles entre les premiers commissaires du gouvernement, les populations ont été profondément troublées ; le chef-lieu du département a été déplacé pendant plusieurs mois, en proie à des crises sans cesse renaissantes, et suscitées à chaque instant par l'envoi de nouveaux commissaires. Nulle autre part l'antagonisme politique, que le public se plaisait à voir entre M. de Lamartine et M. Ledru-Rollin, n'a produit des luttes plus vives ; nulle autre part, on ne s'est disputé le terrain avec plus d'acharnement.

Cet interrègne préfectoral est un fait extraordinaire dans les annales de nos départemens, et il n'est pas sans intérêt pour l'histoire que nous reproduisions les causes qui l'ont amené.

Nous inscrirons en passant les principaux événemens

1

accomplis dans notre département depuis les dépêches successives qui ont fait connaître en province la subite et inattendue Révolution qui s'accomplissait à Paris, les diverses transformations administratives ,dont notre pays a été l'objet, et enfin la proclamation de la République, jusqu'à l'arrivée du premier préfet de ce département.

Nous n'avons point la prétention de mettre sous les yeux des lecteurs un travail complet, mais un aperçu fidèle, précieux à recueillir, unique dans les annales de notre contrée, alors que la mémoire est pleine encore des souvenirs de ce temps, et que nous avons sous la main tous les matériaux historiques.

Nous n'écrirons rien qui puisse blesser les personnes bien intentionnées ou quelques localités du département, plus ou moins entraînées dans un mouvement général. Nous voudrions pouvoir étouffer, au besoin, tous les fermens de discorde, et nous sommes prêts pour notre part à faire tous les sacrifices possibles à la chose publique, s'ils sont profitables à la conciliation dans le droit et dans la vérité.

II. — Faits généraux.

M. Besson, ancien secrétaire-général du Rhône, était préfet de l'Ain, lorsqu'éclata la Révolution de Février 1848. C'était le 18ᵉ préfet de notre département depuis la création de ces fonctionnaires, qui date de l'an 1800.

La dernière année du règne de Louis-Philippe fut marquée par une série de banquets, qui avaient beaucoup agité le pays. Mâcon, ville voisine de Bourg, qui envoyait à la Chambre des députés, M. de Lamartine, avait donné le signal de ces sortes de manifestations, qui depuis s'étaient répandues sur toute la France. M. Od. Barrot venait de faire une campagne de banquets, et M. Ledru-Rollin, franchissant les bornes dans lesquelles MM. de Lamartine et

Od. Barrot s'étaient renfermés, avait prononcé à Châlon-sur-Saône un discours qui rappelait par le ton, les phrases et même les appellations, les plus mauvais jours de la France sous la République. L'opposition était lancée sur la pente de la Révolution, et le pays, sans s'en douter, y glissait avec elle.

Le gouvernement de Louis-Philippe était attaqué par plusieurs sortes d'ennemis : le procès de corruption déroulé devant la chambre des pairs, et qui fut suivi de la condamnation d'anciens ministres, avait mis à nu une des plaies de l'époque et semé la désaffection dans bien des cœurs.

Le moindre défaut d'équilibre devait perdre le roi de juillet, et la transformation momentanée de l'opposition dynastique et parlementaire en opposition révolutionnaire suffit pour le renverser. Un banquet réformiste devait avoir lieu à Paris dans le mois de février ; c'était un défi au ministère qui niait le droit de réunion ; le ministère après maints pourparlers, le fit défendre et eut recours à la force armée.

Mais toutes les oppositions réunies avaient fait appel au peuple pour grossir le cortège des députés qui devait se rendre au banquet, et la retraite de MM. Barrot, Thiers, Malleville, Duvergier de Hauranne, au dernier moment, n'empêcha point la foule de descendre des faubourgs au jour marqué et de se rendre au lieu du rendez-vous.

Le 22 février, à 2 heures, le gouvernement adressait aux préfets la dépêche suivante : « Il y a eu dans la matinée » quelques attroupemens, mais pas de désordre sérieux. » Vous pouvez complètement rassurer les esprits. »

Le 23 février, à 7 heures 1/2 du matin, le gouvernement paraissait pleinement rassuré, car il écrivait : « Depuis » minuit la tranquillité est entièrement rétablie ; toutes » les mesures sont prises pour empêcher le retour du » désordre. Dans la soirée d'hier des barricades assez

» nombreuses ont été élevées par les émeutiers; elles ont
» été sur le champ détruites par la garde nationale et la
» troupe de ligne. »

La situation, loin de s'apaiser, s'aggravait au contraire
de plus en plus. Le peuple excité par le parti républicain
et par les agitateurs de profession, dont les convictions
n'appartiennent qu'au parti de l'anarchie permanente,
était furieux de ne point voir apparaître les députés qui
devaient marcher à sa tête et se tourna immédiatement
contre la Chambre. En un clin d'œil et avec la force de
la mer qui rompt ses digues, il avait envahi la place
de la Concorde et toutes les positions adjacentes au Palais-
Bourbon. De là, il faisait entendre le mot de ralliement :
Vive la réforme! et c'est à ce même cri qu'il parcourait, en
bandes menaçantes, les rues de Paris consterné. La
garde nationale stupéfaite n'osait se mettre ni du côté du
roi et de M. Guizot, habituée qu'elle était depuis quelque
temps à leur faire de l'opposition, ni du côté du peuple
dont l'aspect seul l'effrayait. Elle laissa faire et son inaction
sembla autoriser le mouvement.

La gravité des événemens se faisait jour dans la dépêche
du 24 février à 8 heures du matin, qui annonçait que le
gouvernement avait eu la main forcée par l'émeute. Une
rencontre fortuite entre le peuple et le poste du ministère
des affaires étrangères avait décidé du sort de l'établissement de Juillet.

Le matin du 24 février, le roi changeait de ministres ; à
2 heures il abdiquait, et à 5 heures la République était proclamée par M. Garnier-Pagès à l'Hôtel-de-Ville.

« Le roi, disait la dépêche du matin, a appelé M. Thiers
» et l'a chargé de la composition d'un nouveau cabinet.
» M. Thiers a demandé au roi la permission de s'adjoindre
» M. Barrot ; le roi a consenti à cette proposition. »

Cette dépêche était parvenue à Bourg le 25 février à 3 heures de l'après-midi. Deux autres dépêches arrivaient successivement, et elles portaient :

> « Paris, 24 février 1848, à une heure du soir.

» M. Od. Barrot m'annonce que le ministère se constitue avec son concours.

» Le général Lamoricière est nommé commandant-général de la garde nationale de Paris.

» Tout ici marche vers le calme et la conciliation. »

AUTRE DÉPÊCHE.

> « Paris, 24 février, 1 1/2 du soir.

» Le roi a abdiqué.

» La duchesse d'Orléans est nommée régente. •

Puis enfin celle-ci, pour clore cette cascade de chûtes, qui précipitaient en un jour la France au fond de la Révolution :

> « Paris, 24 février, à 10 heures du soir.

« Le délégué du Gouvernement provisoire adresse à » MM. les préfets une dépêche annonçant la composition » du Gouvernement provisoire :

MM. DUPONT (de l'Eure), président ;
    ARAGO, ministre de la marine ;
    DE LAMARTINE, ministre des affaires étrangères ;
    CRÉMIEUX, ministre de la justice ;
    BEDEAU, ministre de la guerre ;
    LEDRU-ROLLIN, ministre de l'intérieur ;
    MARIE, ministre du commerce ;
    GARNIER-PAGÈS, maire de Paris.

M. Ledru-Rollin envoyait aux préfets, le 25 février, 11 heures du matin, la dépêche suivante :

« Le gouvernement républicain est constitué. La nation » va être appelée à lui donner sa sanction. Vous avez à

» prendre immédiatement toutes les mesures pour assu-
» rer au nouveau gouvernement le concours de la popu-
» lation et la tranquillité publique. »

En faisant afficher ces deux dernières dépêches, le préfet de l'Ain y ajouta la proclamation suivante :

» Mes chers concitoyens, le bon esprit de ce départe-
» ment m'est connu. Dans ce moment solennel, je lui
» fais appel avec confiance pour assurer à tous le respect
» dû aux droits de chacun, et conserver les garanties de
» l'ordre et de la liberté. Je compte sur les soins que les
» autorités constituées prendront pour accomplir ce de-
» voir.

« *Le préfet de l'Ain*, signé BESSON. »

Ainsi, la République était officiellement proclamée par le gouvernement nouveau, mais l'appel à la nation était réservé. Si le nom de M. Ledru-Rollin et les souvenirs de 93 effrayaient, à juste titre, les populations, le nom de M. de Lamartine rassurait les esprits. D'ailleurs, après la chûte successive de toutes les dynasties, quelle autre forme de gouvernement proclamer ?

Chacun se résigna et se prépara à défendre l'ordre public. Les uns regardaient la République comme le gouvernement définitif du pays, les autres l'acceptaient comme une épreuve qu'il fallait loyalement tenter ; tous comprirent qu'elle était la nécessité du temps.

M. Ledru-Rollin écrivit aussi aux préfets, en qualité de ministre de l'intérieur, pour les inviter à rester à leur poste jusqu'à l'arrivée des commissaires qu'il allait en-voyer dans tous les départemens. M. le général Subervie substitué au ministère de la guerre à M. le général Bedeau, qui n'avait pu accepter par des motifs de délicatesse, invita aussi les généraux et commandans les divisions à rester à leur poste, à maintenir l'ordre et la discipline des troupes.

Le 25 février, le Gouvernement provisoire prononce la dissolution de la Chambre des députés, et interdit aux membres de la Chambre des pairs de se réunir. Le gouvernement entrait à pleines voiles dans l'exercice de la souveraineté populaire la plus absolue, sans frein et sans contrepoids.

Ainsi tombait tout l'échafaudage de gouvernement élevé et maintenu si péniblement depuis juillet 1830 , entre la Restauration et la Révolution. Les événemens de Février 1848 étaient la conséquence directe de ceux de Juillet.

La ville de Bourg se trouvait sans maire à l'instant où lui arrivaient ces graves nouvelles. Dans la journée du 24 février, M. Grand, 1er adjoint et remplissant les fonctions de maire, adressa à la population la proclamation suivante :

» Au milieu des événemens graves qui viennent de » surgir, l'ordre et la tranquillité sont plus que jamais » nécessaires. Chargé de veiller à l'une et de protéger » l'autre, je compte sur le bon esprit de notre population » qui ne s'est jamais démenti dans les circonstances les » plus difficiles. La garde nationale est convoquée, elle » va commencer immédiatement son service. Concourons » tous avec elle au maintien de la sécurité publique.

» Bourg, Hôtel-de-Ville, 27 février 1848.

> » *Le 1er adjoint faisant fonctions de Maire,*
>
> » *Signé :* GRAND. »

La République était à peine proclamée que déjà des exaltés cherchaient à l'entraîner dans les voies qui l'avaient perdue une première fois. Quelques hommes prenaient d'autant plus volontiers cette tâche qu'ils croyaient plaire secrètement soit à M. Ledru-Rollin, que la violence de ses opinions rapprochait des révolutionnaires de la Terreur, soit à M. Louis Blanc, qui s'était installé de sa propre autorité à l'Hôtel-de-Ville de Paris avec MM. Marrast et Flocon.

Ils avaient choisi, dès le premier jour de la Révolution, le drapeau dont la couleur elle-même rappelle la terreur et le sang, le drapeau rouge qu'ils voulaient substituer au drapeau tricolore. Le mouvement terroriste qui mit la France à deux doigts de la perte, par l'instinct naturel des mauvaises passions déchaînées plutôt que par un accord prémédité, eut lieu à Paris et dans un grand nombre de villes.

Le drapeau rouge fut promené dans la ville de Bourg par un émissaire étranger; il fut même un instant arboré du haut du balcon de l'Hôtel-de-ville; mais la sagesse de la population fit réprimer promptement cette manifestation. Mâcon, Lyon et plusieurs localités l'arborèrent quelques instans aussi, sans peut-être comprendre toute la portée de cet acte : Paris le repoussa et arrêta la Révolution sur la pente de l'échafaud.

Voici quelques fragmens de la lettre d'un témoin oculaire qui racontait cet épisode, éternel honneur de M. de Lamartine.

« Vous savez sans doute, disait l'auteur de la lettre, les
» dangers que M. de Lamartine a courus dans cette grande
» journée du drapeau rouge. Il a sauvé le pays au péril
» de sa vie. Depuis le matin, 5 heures, des hommes hi-
» deux armés de piques et de fusils, coiffés quelques-uns de
» l'ignoble bonnet rouge s'étaient emparés de la place de
» Grève et avaient fait irruption dans l'Hôtel-de-Ville.
» J'étais là et j'ai tout vu. Jamais aspect plus sombre et
» plus sinistre. Les terroristes se pressent autour du mo-
» nument de nos révolutions, et hurlent contre le gouver-
» nement provisoire, établi depuis 36 heures, ou plutôt
» contre un seul homme du Gouvernement provisoire,

» qui représente et personnifie la modération ; ils veu-
» lent le drapeau rouge, le bonnet rouge, des exécutions,
» des proscriptions en masse. Des hommes montés sur les
» fenêtres du palais , accrochés aux légères colonnettes
» et le corps entièrement penché sur l'abîme, agitent le
» drapeau rouge, et les décharges de fusils répondent à
» cette démonstration en faveur de l'odieux régime de la
» peur.

» Tout à coup ces bandes de forcenés font irruption
» dans la salle où se tiennent les membres du Gouverne-
» ment provisoire en criant : Où est Lamartine? mort à
» Lamartine ! Elles le rencontrent et le repoussent avec
» des piques et des baïonnettes jusque dans une salle au
» fond du palais. Notre illustre compatriote trouve une
» chaise sous sa main, monte dessus, écarte les baïonnet-
» tes, les sabres et les piques qui menacent sa noble poi-
» trine, et dit avec cette fermeté de volonté qui oblige :
» *Vous m'entendrez!* Il obtient un peu de silence ; il en
» profite pour protester avec énergie contre le drapeau
» rouge, il parle avec entraînement, avec conviction, et
» termine par ces mots qui resteront gravés dans toutes
» les mémoires : *Le drapeau que vous me présentez n'a*
» *jamais fait que le tour du Champ de Mars , traîné dans le*
» *sang du peuple ; le drapeau que nous voulons conserver*
» *à la République a fait le tour du monde avec notre courage,*
» *notre gloire et nos libertés.*

» Ce supplice a duré 25 minutes ; mais l'éloquence et
» le génie du bien l'emportent. Ces hommes subjugués
» oublient le mot d'ordre de leurs chefs, les cris de : Vive
» Lamartine ! retentissent sous les voûtes, et l'explosion
» des fusils accompagne les vivats. On le presse, on
» l'entoure, ce même peuple le porte en triomphe. Le
» drapeau rouge est repoussé par la foule qui accourt, les
» hommes aux figures sinistres dévorent leur défaite, la

» ville est illuminée et la République n'épouvante plus
» personne. Telle est la crise que M de Lamartine a sou-
» tenue avec un courage héroïque. »

Cette victoire remportée sur l'anarchie remplit d'espérance le cœur des honnêtes gens ; on vit dans M. de Lamartine un chef brillant et plein de courage, autour duquel
les amis de l'ordre pouvaient se rallier. La garde nationale
se leva partout spontanément.

III. — Mouvement de la ville de Bourg.

Mais revenons à Bourg et que s'y passait-il?

Malgré les sages conseils de M. Grand, adjoint, le soir
même où sa proclamation était affichée un attroupement se
forma et se porta vers le couvent du *Bon Pasteur*, situé vers
la promenade du Quinconce, dans une maison élevée jadis
par M. Perrier-Labalme. Elle avait été considérablement
agrandie. Des métiers de soierie y avaient été récemment
introduits. Malgré les efforts des autorités et de quelques
citoyens dévoués, des pierres furent d'abord lancées dans
toutes les directions contre l'établissement, toutes les vitres
furent brisées. Ensuite, on en vint bientôt à vouloir le
détruire. Des individus pénétrèrent dans la maison et y
commirent de grands dégâts. En ce moment les autorités
étaient impuissantes, et, pour beaucoup, à Bourg comme
ailleurs, le mot république voulait dire anarchie. Des
hommes du peuple s'indignèrent de cette dévastation, et
l'un d'eux, le nommé Lachat, prenant en main la cause de
l'ordre, chassa à coup de fouets cette foule déjà honteuse
de ses dévastations.

Cette grave atteinte à la propriété donna à la garde
nationale un zèle inconnu ; le rappel fut battu dans la
soirée, et elle réussit à protéger le couvent de St-Joseph,
la Visitation et le Grand-Séminaire contre lesquels devaient,

disait-on, se diriger de nouveaux attroupemens. Les religieuses de la Visitation, faisant violence à leur règle, se réfugièrent dans diverses maisons de la ville; fort heureusement les désordres du Bon-Pasteur ne se renouvelèrent pas ailleurs.

M. le préfet Besson, il faut le dire, se porta avec dévouement partout où cela était nécessaire.

Pendant ce temps, une commission s'était formée à l'Hôtel-de-Ville. Cette commission prétendait surveiller toutes les démarches du préfet et assister à l'ouverture des dépêches. M. Besson, ne voulant pas accepter de contrôle dans ses attributions, se retira. Une commission départementale, composée de MM. Gauthier, chef de bureau à la préfecture, Bochard, Bichel, Hudellet et Regembal, prit dès lors les rênes de l'administration.

De son côté, le conseil municipal désignait quatre membres pris dans son sein, MM. Charrassin, Bochard, Ch. Bernard et Debelay, pour administrer la Mairie.

M. Charrassin, président de cette commission, proclama la République et engagea les citoyens à rester unis dans une pensée d'ordre.

Le département était alors commandé par M. le général de Mauduit, qui réunit le 2 mars, les troupes de la garnison, sur la place de la Grenette, et leur annonça la formation d'un gouvernement républicain : « Officiers, sous-
» officiers et soldats, dit-il, un grand acte national vient
» de s'accomplir; la royauté a disparu devant la souverai-
» neté du peuple. Tous les bons citoyens, tous les hom-
« mes de cœur doivent se réunir autour du Gouverne-
» ment provisoire de la République. Officiers, sous-officiers
» et soldats la patrie compte sur vous. »

Immédiatement après les officiers donnèrent par écrit leur adhésion au nouveau gouvernement.

Dans toutes les villes du département, la République

fut proclamée sans enthousiasme comme sans incidens sérieux. En même temps les opérations du recrutement se
poursuivaient avec un ordre parfait.

IV. — Arrivée à Bourg du commissaire du gouvernement républicain.

Le samedi soir, arriva à Bourg M. Guigue de Champvans
nommé commissaire du Gouvernement provisoire pour le
département de l'Ain. L'esprit bien connu de ce publiciste qui appartient à une famille des plus considérées du
département de Saône-et-Loire et du Jura, ses idées d'ordre et de sagesse politique rassurèrent enfin les habitans
après quelques jours d'inquiétude et d'agitation révolutionnaire. Voici en quels termes était conçu l'arrêté qui
appelait M. de Champvans à diriger le département de
l'Ain :

RÉPUBLIQUE FRANÇAISE.

« Paris, 29 février 1848. »

« Au nom du peuple,

» Le Gouvernement provisoire révoque le préfet actuel du
département de l'Ain et nomme le citoyen de Champvans,
commissaire du gouvernement dans ce département, l'in-
vestissant des pouvoirs de préfet et l'autorisant à prendre
toutes les mesures d'ordre et de salut public qu'il jugera
nécessaires.

» Toutes les autorités civiles et militaires sont placées
sous ses ordres.

» Le membre du Gouvernement provisoire, ministre de
l'intérieur.

Signé : LEDRU-ROLLIN.

M. de Champvans avait pris place dans les rangs de
l'opposition par ses écrits et par la rédaction en chef
du *Bien public*. Il appartenait à cette jeune phalange,

composée d'hommes sortis des rangs du parti légitimiste
et qui combattait, dans le sens de la liberté, le gouvernement issu de la Révolution de 1830. Il devait sa nomination à M. de Lamartine, son parent et son ami, qui lui
avait donné ce peu de mots pour toute instruction :
« Rassurez le pays, faites aimer et respecter la République ;
» ne destituez personne. »

Tout en proclamant le gouvernement nouveau et les nécessités politiques qui en étaient la conséquence, il fit entendre énergiquement qu'il venait aussi : » Veiller à l'ordre, au
» respect des lois, des propriétés, de la liberté pleine et
» entière des cultes et des consciences. »

Le lendemain M. de Champvans reçut la visite de tous
les fonctionnaires ; il les remercia d'avoir eu le courage
de rester à leur poste dans les momens difficiles, parla le
langage de la concorde et appela le concours de toutes les
forces et de toutes les intelligences pour réprimer les idées
de désordre et d'anarchie qui avaient trouvé jour dans la
ville de Bourg. Puis il alla passer en revue la garde nationale et la garnison du 22ᵉ de ligne, et dans une improvisa-
tion chaleureuse, il chercha à ranimer la confiance, invita
tous les citoyens à se rallier à un gouvernement qui ne
procédait que de la nation il rappela enfin tout ce que le
sol bressan avait vu surgir de soldats courageux à l'au-
rore de la première république.

MM. Charrassin et Bichel, en qualité de membres des
commissions de l'Hôtel-de-Ville et de la Préfecture, pri-
rent aussi la parole dans cette revue. Leurs discours sont
consignés dans les journaux de l'Ain du temps.

La mairie de Bourg fut définitivement constituée par
M. le commissaire du gouvernement. M. Charrassin fut
nommé maire, M. Bochard, 1ᵉʳ adjoint, et M. Ch. Bernard,
2ᵉ adjoint.

MM. les conseillers de préfecture, Rodet, Favier, Tor-

nier, obéissant à un louable sentiment de délicatesse politique, envoyèrent leur démission. Plusieurs sous-préfets
imitèrent cet exemple et lorsque une mesure générale de
M. Ledru-Rollin vint frapper tous les sous-préfets , elle
trouva à leur poste ceux qui n'étaient pas démissionnaires
et dont le commissaire du gouvernement, fidèle aux instructions du membre le plus influent du Gouvernement
provisoire, avait respecté la position.

M. le préfet Besson qui s'était réfugié chez une famille
des environs, où l'avait accueilli une hospitalité pleine
de bienveillance, ne voulut pas quitter le département
dans ces jours d'émotion populaire, sans adresser des
adieux aux populations dont l'éloignait la force des choses.
« Permettez-moi, en me retirant, disait-il, de vous féliciter
» de vous voir réunis tous franchement sous le drapeau
» que reprend la patrie, et autour du gouvernement qui a
» compris et proclamé que l'ordre dans la liberté est la
» plus sage garantie des droits de tous les citoyens, comme
» de la propriété et de l'indépendance nationale. » (M. le
préfet Besson revint plus tard dans le Jura en qualité de
préfet ; il est aujourd'hui préfet de Maine-et-Loire.)

Mgr. Devie, évêque de Belley, écrivit de son côté aux
curés du diocèse pour les prémunir contre les craintes que
pourrait leur inspirer l'établissement de la République.

« Ce nom, ajoutait ce prélat octogénaire, dans sa cir-
» culaire du 4 mars, a laissé de si tristes souvenirs dans
» les annales de la France, qu'on a dû éprouver de l'effroi
» en l'entendant prononcer. Cependant nous avons lieu
» d'espérer que cette forme de gouvernement n'aura pas
» aujourd'hui des suites funestes pour la religion et le
» bonheur de la France. Dans les premiers momens il s'est
» manifesté un peu de désordre dans quelques localités,
» mais nous sommes assuré que le Gouvernement pro-
» visoire a pris de promptes mesures pour y porter re-

» mède. » Il invite le clergé à chanter à la fin des grand'-
messes, le *Domine salvam fac Rempublicam.*

Ces désordres sans être très-graves dans notre département, ne laissaient pas cependant que d'inspirer de sérieu-
ses inquiétudes. Tantôt c'était une population rurale,
(ou plutôt quelques meneurs de cabaret auxquels elle
n'osait résister et qui parlaient en son nom), qui récla-
mait le changement du curé, d'autres fois le renvoi du
maire. Les exigences grandissaient en raison de l'affaiblis-
sement de l'autorité. M. de Champvans publia alors la circulaire suivante, adressée aux maires :

» La République garantit les propriétés, les familles,
» les personnes, le travail et tous les droits existans et non
» abrogés par la loi... Dans quelques communes, des
» hommes mal intentionnés, ennemis de la République,
» mais simulant, pour la déconsidérer aux yeux des gens
» de bien une ardeur immodérée en sa faveur, se permet-
» tent des violences soit contre les maires maintenus dans
» leurs fonctions, soit contre les desservans, soit même
» contre des propriétés particulières. Nous vous requé-
» rons de protéger dans leur domicile toutes les personnes
» menacées et nous vous recommandons de nous adresser
» des procès-verbaux sur les attentats de ce genre, afin que
» nous puissions faire arrêter immédiatement et livrer à
» la justice les fauteurs du désordre.

» Bourg, 26 mars 1848.

» *Le commissaire du Gouvernement provisoire,*

» *Signé :* CHAMPVANS. »

Plusieurs perturbateurs furent en effet arrêtés, et quelques actes vigoureux ne tardèrent pas à faire renaître la
paix dans nos communes du littoral, un instant agitées.

C'est alors que l'on commença à planter, en divers points

des villes et des communes du département, des arbres de
liberté surmontés d'emblêmes plus ou moins significatifs. Cependant l'autorité ne laissa mettre nulle part, à sa
connaissance, le bonnet rouge.

Alors aussi s'organisaient les banquets patriotiques où
se dessinaient déjà les hommes qui devaient plus tard
porter l'expression républicaine à la dernière limite. Prê-
tres, bourgeois, ouvriers tous se trouvaient réunis et con-
fondus dans ces solennités populaires, où l'accord et
l'union préservèrent le pays de commotions plus vives et
de tempêtes plus orageuses.

Le commissaire du gouvernement parcourut nos arrondissemens et y proclama partout l'avènement d'une république sage et modérée. Dans plusieurs villes il installa
des commissions chargées de diriger les travaux administratifs et municipaux.

Le 5 mars, fut rendu le décret qui prescrivait la réunion
des assemblées électorales pour la nomination des membres
à l'Assemblée nationale constituante. Le nombre des représentans assignés au département de l'Ain était de neuf.
C'est peu après que parut la fameuse circulaire de M. Ledru-Rollin aux commissaires du gouvernement, et dans le
but de donner aux élections un entrain véritablement révolutionnaire. « Vos pouvoirs disait-il, sont *illimités*. Agent
d'une autorité révolutionnaire, vous êtes révolutionnaire
aussi... » Puis venait l'injonction de changer partout les
préfets et sous-préfets. Partout et surtout pour l'Assemblée
nationale il fallait des hommes *purs des traditions du passé.*

Dès lors des comités se formèrent sur tous les points; les
professions de foi affluèrent et les candidats se mirent en
ligne. Le 14 mars, M. Pacoud, le doyen de nos médecins,
fut appelé à présider une réunion de plus de 500 électeurs
à la salle de Physique. Rentré chez lui le soir il mourut
subitement à l'âge de 77 ans. C'était une célébrité chirur-

gicale du pays. L'émotion de cette séance, des inquiétudes peut-être de l'avenir de son pays, et qui' n'en avait pas alors? ne furent pas étrangères à cet événement qui impressionna douloureusement notre cité.

Le 18 mars 1848 fut décrété le fatal impôt des 45 centimes sur le total des quatre contributions directes. On sait le fâcheux retentissement de cette contribution extraordinaire. M. Ledru-Rollin avait proposé de l'élever à 2 f. 50 et de ne la faire porter que sur une seule classe de la nation. Cet impôt frappa le département de l'Ain pour une valeur de un million 453,609 fr. La rentrée s'opéra, pour la plus grande partie, avec assez de facilité.

V. — Nouveaux commissaires nommés pour le département de l'Ain. — Agitation de la ville de Bourg.

Pendant que M. Ledru-Rollin donnait à ses commissaires des pouvoirs *illimités* et effrayait les esprits, M. de Lamartine s'efforçait de les rassurer par ses actes et son langage; il répétait aux députations qui l'assiégeaient, que le gouvernement n'entendait peser *en rien* sur la liberté électorale.

Le département de l'Ain devait bientôt se ressentir des déchiremens qui se révélaient dans les régions élevées du gouvernement. M. Anselme Petelin, nommé commissaire général pour les départemens de l'Ain et du Jura, avec pouvoir sur les commissaires ordinaires, vint donc dans le département de l'Ain où il publia sa première proclamation. Il résumait sa mission dans ces mots : *Faire aimer et respecter la République.* Et cependant il s'était répandu qu'il venait pour agir dans le sens des circulaires de M. Ledru-Rollin, et surveiller M. de Champvans, le protégé de M. de Lamartine.

Le département de l'Ain se trouva ainsi placé entre

2

deux directions qui reflétaient celles du Gouvernement provisoire, et qui devaient plus tard engager le chef-lieu dans un déplorable conflit. Un nouvel incident vint tout-à-coup accroître cette irritation.

On apprit que, par arrêté du 28 mars 1848, MM. Roselli Mollet et Albert Hugon étaient nommés commissaires du gouvernement dans le département de l'Ain avec des pouvoirs égaux à ceux de M. de Champvans. Dans la soirée du 30 mars, un des nouveaux commissaires, M. Alb. Hugon, arrivait en effet à Bourg. Aussitôt un rassemblement considérable se forma devant la préfecture où résidait M. de Champvans. On entendit distinctement les cris de : *Vive Champvans! nous n'en voulons pas d'autre! A bas le nouveau commissaire!*

M. de Champvans vint haranguer la foule et son allocution fut reçue par de nombreux bravos. Il invita les citoyens à rester calmes et à réclamer par pétitions. « Quant à moi, ajoutait-il, je ne laisserai pas amoindrir dans ma personne le mandat qui m'a été confié. »

Le lendemain, la garde nationale, en grand nombre, signait une adresse véhémente, protestant contre la nomination de MM. Roselli Mollet et Albert Hugon comme commissaires pour le département de l'Ain. L'irritation était très-vive; MM. Charles Bernard, Chicod, greffier du tribunal, et Lachat, marchand, furent chargés de se rendre à Paris pour présenter à M. Ledru-Rollin la protestation de la garde nationale contre les nominations émanées de son ministère.

Malgré ces marques non équivoques de répulsion, M. Roselli arriva cependant à Bourg, dimanche 2 avril, pour essayer d'y faire reconnaître ses pouvoirs. D'accord avec M. Hugon, il s'était fait précéder d'une proclamation imprimée à Mâcon, mais qui avait été partout lacérée ou que les autorités elles-mêmes avaient refusé de faire affi-

cher. Voici cette proclamation peu connue et que les amis
de l'histoire de ces temps d'agitation seront bien aises de
retrouver ici :

Aux habitans du département de l'Ain.

Liberté, Égalité, Fraternité.

» Citoyens,

» Le Gouvernement provisoire a institué une commis-
» sion de trois membres pour administrer le département
» de l'Ain ; nous en faisons partie conjointement avec le
» citoyen Champvans.

» Un grand fait est à la veille de s'accomplir ; nous vou-
» lons parler des élections des représentans à l'Assemblée
» nationale.

» Comme la garde nationale assure le présent contre le
» désordre, la représentation nationale doit assurer, pour
» l'avenir, l'entrée de la République dans les voies les
» plus larges d'améliorations morales et matérielles. Le
» progrès n'est plus seulement un mot. Le peuple veut
» entre autres :

» *Une Constitution républicaine fondée sur la souveraineté*
» *du peuple ;*
» *La liberté individuelle ;*
» *La liberté politique ;*
» *La garantie des droits sociaux ;*
» *La liberté de la presse ;*
» *La garantie du droit individuel de propriété ;*
» *La diminution des impôts ;*
» *Leur répartition sur toutes les classes de revenu ;*
» *L'instruction populaire et gratuite ;*
» *L'organisation d'un système de crédit au profit de tous ;*
» *L'organisation du travail qui garantisse une juste répar-*
» *tition des produits entre les travailleurs et les maîtres,*

» *comme une retraite ou des secours suffisans aux ouvriers*
» *invalides ;*

  » *Solidarité universelle.*

  » Le concours des citoyens, qui communient dans ces
» principes, est acquis au gouvernement, comme son ap-
» pui leur est assuré.

  » Au peuple appartiennent les élections; il est souverain
» absolu ; il a souffert et souffre toujours profondément; ses
» souffrances peuvent encore s'accroître ; il s'est montré
» patient ; mais plus sa patience a été grande et magna-
» nime, plus le dévouement de tous, à le servir, doit être
» sans bornes.

  » Qu'on se garde de voir dans ces paroles la significa-
» tion que tous nous ne sommes pas du peuple ! Loin de
» là ! tous, nous en faisons partie ; notre plus grand hon-
» neur est d'être comptés dans ses rangs ; il n'est plus de
» classes désormais.

  » Qu'il soit tenu compte à chaque citoyen, sans distinc-
» tion, des services qu'il a rendus à la cause populaire ;
» qu'on l'apprécie suivant les services qu'il peut rendre
» encore; que chacun soit libre de fait, comme il l'est de
» droit dans ses votes ; la Commission administrative
» n'omettra rien pour garantir cette liberté.

  » Citoyens de Bourg,

  » Une manifestation irréfléchie a eu lieu hier, de la part
» d'un nombre d'entre vous; elle ne pouvait être per-
» sonnelle contre le citoyen Hugon ; vous admettrez bien
» le respect pour sa personne, comme vous le voulez pour
» les vôtres.

  » Vous n'avez pas entendu la diriger contre le représen-
» tant du Gouvernement provisoire; hé bien ! sachez que
» le citoyen Hugon n'a été appelé aux fonctions de com-
» missaire que parce qu'il représente le principe de ce
» gouvernement.

» Ce n'est pas de la population de Bourg, si pleine de
» haute raison, de vrai patriotisme, qu'on devait attendre
» une démonstration pareille. Comment entendriez-vous
» l'union que nous appelons tous de nos vœux, si vous
» manquiez ainsi à son principe? N'ajoutons pas à la gra-
» vité des circonstances, réunissons nos efforts pour en
» conjurer les résultats funestes.

    » Citoyens du département,

» Ceux d'entre vous qui désireront nous communiquer
» leurs vues, nous adresser quelques réclamations, peu-
» vent se présenter isolément ou collectivement à nous
» sans défiance ; nous leur répondrons avec toute la fran-
» chise, et agirons avec la justice qu'ils ont le droit d'at-
» tendre de nous ; notre mission est toute d'ordre et de
» conciliation.

Salut et fraternité. VIVE LA RÉPUBLIQUE!

> » *Les commissaires du Gouvernement provisoire pour le*
> » *département de l'Ain,*

    ROSELLI MOLLET, Albert HUGON.

» Bourg, le 31 mars 1848.

V. — Manifestation de la ville de Bourg contre M. Roselli Mollet.

Le dimanche 2 avril le bruit venait de se répandre dans
notre ville que M. Roselli Mollet y était arrivé. A cette
nouvelle, une rumeur sourde se manifesta bientôt; des
groupes se formèrent sur les trottoirs, devant les établisse-
mens publics, et à l'attitude des personnes qui les compo-
saient, à l'animation de leur conversation, on pouvait
prévoir que l'arrivée du nouveau commissaire, considérée
alors comme un défi porté à la population, allait être le
sujet d'une nouvelle manifestation.

Sur l'indication de l'hôtel, dans lequel M. Roselli Mollet était descendu avant de se rendre à la préfecture (l'hôtel *des Griffons*), plusieurs personnes s'y présentèrent pour protester contre sa présence et pour faire comprendre à M. Roselli Mollet tout ce que pouvait avoir de fâcheux pour lui une démarche aussi audacieusement tentée malgré les avertissemens du maire. Celui-ci, comme on le sait, prévenu que ce nouveau commissaire du gouvernement voulait (contre le gré des habitans de Bourg) venir prendre possession de la préfecture, lui écrivit « d'avoir à s'en abs- » tenir, que sa présence à Bourg y exciterait aussi le » mécontentement, qu'elle deviendrait, à coup sûr, la » cause d'une manifestation malveillante, et dont il ne » pouvait prévoir les conséquences. »

M. Roselli Mollet, sans tenir compte de ces prudens conseils, s'était rendu à Bourg; il sortait de son hôtel, comme quelques jeunes gens y arrivaient, suivis déjà d'un grand nombre de curieux. Il fut abordé, et on lui demanda ce qui pouvait ce jour-là motiver sa présence dans notre ville, il répondit : « Qu'il était venu contribuer à la for- » mation des comités électoraux, qu'il se proposait (vou- » lant se porter candidat aux élections) d'exposer sa marche » politique dans la réunion qui se préparait. » Cette ré- ponse, que l'on présuma être contraire à la vérité, fut reçue avec une sorte d'indignation par ceux qui entouraient alors M. Roselli Mollet. « Vous êtes envoyé, dit-on, comme » commissaire du gouvernement ; vous venez ici pour » prendre les rênes de notre administration départemen- » tale, et cela, vous le savez, contre le vœu des habitans » de cette ville. » M. Roselli Mollet répliqua qu'il n'en était rien.

Cette scène se passait dans la rue, où la foule amassée s'était déjà considérablement accrue; des cris malveillans se faisaient entendre; M. Roselli Mollet, pressé de toutes parts, fut refoulé dans le corridor de l'hôtel. La foule s'y précipita en criant : « *A bas le commissaire ! Sa commission !* » *il nous faut sa commission !* Puisqu'il vient jeter le trouble « dans notre ville, qu'on le mène en prison. — Non ! non ! « qu'il parte, il faut qu'il parte à l'instant ! »

L'animosité était grande, et ceux qui entouraient M. Roselli Mollet ne pouvaient qu'avec beaucoup de peine contenir les dispositions de la foule ; un instant M. Roselli Mollet s'écria, en reconnaissant quelques citoyens : « Mes» sieurs, protégez-moi. » On le fit alors monter dans sa chambre, et la garde de l'escalier fut confiée à une personne dont la fermeté et les exhortations continrent la multitude.

Dans la chambre, on reprocha vivement à M. Roselli Mollet sa conduite, les scènes déplorables qu'elle provoquait, et sa persistance à vouloir ainsi braver l'opinion publique. Il nia avoir reçu une lettre du maire de Bourg.

Dans la surexcitation des esprits, des paroles vives furent échangées, on exigea de M. Roselli Mollet qu'il livrât sa commission, et comme il prétendait l'avoir laissée à Belley, ses papiers furent visités. On découvrit dans sa poche la lettre du maire qui l'engageait à ne pas se rendre à Bourg, et dans sa malle se trouvaient et son titre de commissaire du gouvernement dans l'Ain, et un grand nombre des proclamations imprimées qu'il devait faire afficher au moment de sa prise de possession de la préfecture.

M. Roselli Mollet, qui entendait les cris de la foule amassée dans la rue, attéré du reste par les émotions pénibles dont il était accablé, consentit à ce qu'on lui demandait ; il livra sa commission, et on prit vis-à-vis de lui l'engagement de le faire conduire dans l'endroit qu'il désignerait.

M. le maire, instruit de ce qui se passait, venait d'arriver; il rendit M. Roselli Mollot responsable de l'agitation que sa présence jetait dans la ville, et l'engagea à partir

sur-le-champ. Une chaise de poste fut amenée dans l'hôtel ;
on désigna quatre citoyens qui furent chargés de protéger
M. Roselli Mollet contre les dispositions de la multitude.
Les quatre personnes appelées à remplir cette mission
d'honneur ne la déclinèrent point, puisqu'il s'agissait
d'un engagement sacré et non sans péril. Alors M. et
Mme Roselli Mollet, escortés par le maire et les personnes
qui s'étaient aussi offertes à les protéger (s'ils partaient),
arrivèrent sur le seuil de l'hôtel. Des vociférations, des
menaces sortirent des groupes à la vue de M. Roselli
Mollet. Le maire alors, s'adressant à la foule, s'écria d'une
voix forte : « Messieurs, respect à la personne de M. Ro-
» selli Mollet ; il a consenti à livrer sa commission et à
» quitter notre ville ; je le répète, respect à sa per-
» sonne !... »

Aussitôt l'ordre du départ fut donné par un des commissaires ; la voiture fendit la foule et prit la route de Lyon.
Durant le trajet, M. Roselli Mollet exprima son étonnement
de l'accueil qu'il venait de recevoir à Bourg ; il ne voyait,
disait-il, rien dans sa vie privée ou publique qui ait pu le
lui mériter. On lui annonça alors, que la réception qu'il avait
reçue tenait autant à cette espèce de défi jeté par lui à une
population entière en voulant s'imposer à elle comme son
chef qu'à ses principes politiques ; que pour lui, la République était celle de Ledru-Rollin, la République d'intimi-
dation ; qu'au contraire, les habitans de Bourg ne la comprenaient qu'avec Lamartine, ne l'avaient acceptée qu'avec
l'autorité de son nom et sous la garantie de ses promesses ;
qu'on ne voulait qu'une République d'ordre, garantissant
les droits de tous, en s'appuyant sur les principes fonda-
mentaux de la société. — M. Roselli Mollet répondit à cela
qu'il ne voulait pas le sang, l'anarchie, le pillage, mais que
Lamartine n'était pas l'homme de la République, que Ledru-Rollin seul était appelé à sauver la France ; qu'il fallait

aujourd'hui des hommes d'action. — On lui objecta qu'il n'était pas dans le vrai, que tels au moins n'étaient pas les sentimens qui animaient les habitans de Bourg, qu'il devait donc, avec cette différence d'opinions, peu s'étonner de l'accueil qu'on venait de lui faire.

On était arrivé à la jonction des deux routes; un des commissaires fit arrêter les voitures, et s'adressant à M. Roselli Mollet, lui dit : « Ici, monsieur, se termine la » mission que nous avons acceptée, nous sommes heureux » de l'avoir remplie selon nos désirs : en offrant notre vie » en échange de la vôtre, nous avons dû vous convaincre, » monsieur, qu'il n'existe en nous aucun sentiment d'ani- » mosité contre votre personne. » M. Roselli Mollet remercia alors avec effusion les personnes chargées de l'accompagner de l'appui qu'elles lui avaient prêté, leur tendit la main et leur dit : « C'est sans haine et sans rancune que je » vous quitte. Je vous remercie une dernière fois. » Et il continua sa route sur Lyon.

VI. — Arrivée à Paris des délégués de la ville de Bourg. — Leurs démarches auprès de M. Ledru-Rollin.

Les délégués de la garde nationale, MM. Ch. Bernard, Chicod et Lachat, étaient porteurs d'une pétition signée de toute la garde nationale, par laquelle on demandait, avec beaucoup d'instance, la révocation des commissaires Roselli Mollet et Albert Hugon.

Partis de Bourg le vendredi 31 mars, à une heure après midi, nos délégués arrivèrent à Paris le dimanche matin; et, sans perdre un seul moment, ils avisèrent aux moyens de pouvoir parvenir jusqu'à M. Ledru-Rollin, ministre de l'intérieur. Un de leurs amis qui habitait Paris depuis longtemps et qui était lié avec M. Caussidière, alors préfet de police, les conduisit à la préfecture de police, où ils furent immédiatement reçus par le préfet lui-même, qui leur dit que ce même jour, à deux heures après-midi, il devait accompagner M. Ledru-Rollin à la plantation d'un arbre de la liberté dans la cour du Grand-Opéra, et il leur donna un laissez-passer pour arriver jusqu'à eux. A l'heure indiquée, nos compatriotes se rendirent dans la cour de l'Opéra qui était pleine de spectateurs. A trois heures, arriva M. Ledru-Rollin, accompagné de M. Caussidière et de M. Arago, alors directeur des postes, et escorté par la garde du préfet de police. Le clergé de la paroisse, à laquelle appartient ce quartier de l'Opéra, vint en grande pompe bénir l'arbre de la liberté.

Après un discours prononcé par M. Ledru-Rollin, l'un des délégués, traversant la foule et la garde du préfet de police, se présenta au ministre de l'intérieur, et, lui remettant la pétition de la garde nationale de Bourg, lui demanda une audience qui fut accordée et fixée pour le même jour, à dix heures du soir, à l'hôtel du ministère de l'intérieur.

A dix heures, tous trois étaient au rendez-vous, où ils attendirent M. Ledru-Rollin jusqu'à onze heures et demie; à cette heure arriva M. Ledru-Rollin qui les fit introduire dans son cabinet. Ils lui peignirent l'état d'agitation de la ville de Bourg par suite de la nomination des deux commissaires, le mauvais effet qu'elle produirait dans tout le département, et leur position personnelle que sans doute il ne connaissait pas. Après ces explications, M. Ledru-Rollin répondit qu'il avait été trompé et qu'il allait donner sur-le-champ l'ordre, par le télégraphe, à M. Petetin, commissaire-général, d'avoir à les révoquer, ce qui eut effectivement lieu. M. Ledru-Rollin demanda ensuite aux délégués des renseignemens sur les élections prochaines. Il témoigna hautement le désir de voir nommer *sept ouvriers* ou *cultivateurs* sur *neuf* représentans. Sur l'observation de nos

compatriotes, qu'un seul ouvrier serait nommé, il manifesta son étonnement et parut douter du patriotisme républicain du département de l'Ain. M. Lachat, auquel il demanda pourquoi il ne se mettait pas sur les rangs, fit une
réponse simple et digne. Après quoi les délégués se retirè-
rent, serrant la main que leur tendit M. Ledru-Rollin, en
leur témoignant toute sa satisfaction de cette entrevue. Il
était une heure du matin.

Le lendemain, à neuf heures du matin, ils se rendirent
au ministère des affaires étrangères pour remettre à M. de
Lamartine, ministre des affaires extérieures, une lettre
dont ils étaient porteurs. M. de Lamartine, qui était dans
ce moment à prendre un bain, les fit néanmoins introduire
dans l'un des salons de l'hôtel, où il les rejoignit immédiatement. Il leur tint, au sujet des candidats aux élections,
un tout autre langage que M. Ledru-Rollin. Il leur dit que
tout en rendant justice à la classe laborieuse, *un seul ouvrier*
sur neuf représentans suffisait, que pour faire de bonnes
lois il fallait des hommes pratiques, que les ouvriers
eux-mêmes le comprenaient parfaitement, et que ce n'était
pas les blesser que de ne pas les porter en grand nombre.
Nos délégués restèrent environ trois quarts-d'heure avec
M. de Lamartine.

Ils quittèrent Paris le lundi, à une heure après-midi, et
arrivèrent à Bourg le mercredi à dix heures du matin. En
sorte qu'ils restèrent 60 heures pour aller à Paris, revenir
et remplir avec succès une mission d'autant plus difficile
que, peu de jours auparavant, une semblable députation
envoyée par une autre ville fut impitoyablement renvoyée
sans aucun succès.

Une foule inquiète et impatiente attendait à Bourg, sur
la place d'Armes, les trois délégués. Du haut du balcon de
l'Hôtel-de-Ville ils annoncèrent qu'ils avaient réussi dans
leur mission; cette nouvelle fut reçue par d'immenses

bravos. Le 6 avril arriva , en effet, une dépêche télégraphique portant révocation de MM. Roselli-Mollet et Albert Hugon.

VII. — Arrivée dans le département de l'Ain d'un commissaire général.

M. Anselme Petetin, commissaire général, fit son apparition dans l'arrondissement de Nantua vers le commencement d'avril. Il reçut une députation du club de cette ville, et accepta publiquement la candidature pour la représentation de l'Assemblée nationale. Il était facile de voir dès lors que les candidatures du commissaire général et du commissaire ordinaire devaient enfanter des rivalités fâcheuses.

Dans la soirée du mercredi 12 avril, M. Anselme Petetin vint à Bourg avec l'intention d'y organiser une commission départementale, qui devait fonctionner avec M. de Champvans, dont le zèle républicain semblait tiédir au gré des exaltés du parti.

M. Ans. Petetin convoqua donc à l'Hôtel de la préfecture les membres du conseil municipal et les officiers de la garde nationale pour les consulter sur la nécessité de cette mesure. M. Petetin dit qu'il recevait des plaintes nombreuses sur la marche imprimée à l'opinion publique par M. de Champvans, que ce commissaire avait refusé d'exécuter ses arrêtés; que dans sa correspondance enfin , il méconnaissait son caractère de commissaire général. Ces ouvertures furent assez mal reçues. M. le commissaire général fut prié d'exhiber la correspondance par lui incriminée. Il proposa de la communiquer à quelques membres seulement réunis en comité secret. Mais la réunion tout entière demanda à être mise dans la confidence. Il fut proposé d'entendre aussi M. de Champvans et de le prier d'exhiber les lettres de M. le commissaire général. Les apostrophes se croisèrent ; les ripostes furent très-vives et bientôt M. le commissaire général se vit lui-même l'objet des plus véhémentes interpellations. Comme candidat il fut forcé de s'expliquer sur plusieurs points de sa vie politique et d'exposer son programme électoral. L'opportunité de la mesure qu'il voulait prendre et qui avait pour objet d'adjoindre des commissaires à M. Champvans fut énergiquement combattue par des citoyens connus cependant par leurs opinions franchement républicaines.

Pendant tout ce colloque, M. Petetin était visiblement embarrassé ; il était revêtu de ses insignes de commissaire général et entouré des membres de la commission qu'il voulait installer. Il s'aperçut bientôt que ses mesures rencontraient des obstacles sérieux.

M. de Champvans refusa, de son côté, toute transaction ; il ne voulut accepter aucune part dans la commission départementale. Plusieurs arrêtés successivement pris par le commissaire général furent imprimés dans la nuit, puis mis à néant.

Le principal de ces arrêtés portait : « Qu'attendu l'ap-
» proche des élections générales, il n'y avait pas un ins-
» tant à perdre pour faire sentir, dans toutes les parties
» de la population, par une *action énergique,* unitaire
» partout présente, l'esprit nouveau de concorde, d'égalité,
» et de fraternité démocratique qui doit assurer l'avenir
» de la patrie..... »

Le citoyen Champvans était nommé président de la commission; M. Charrassin, maire, vice-président; les autres membres étaient : MM. Simonnet, sous-commissaire de l'arrondissement de Nantua ; Cochonnat, président de la commission administrative de Belley; et Saury, président de la commission administrative de Gex.

MM. Bochard, Pons et Cyvoct étaient membres suppléans et devaient remplacer, en cas d'absence, les membres sus-nommés.

M. de Champvans refusa positivement d'accepter la présidence de cette commission; il opposait ses pouvoirs à ceux de M. Petetin; celui-ci prit, le soir même, un autre arrêté qui conférait, en conséquence, la présidence de la dite commission à M. Charrassin, maire de Bourg.

Nouveau refus de M. Charrassin. La désorganisation de la commission était donc complète par suite de ces refus successifs, et le but poursuivi par M. le commissaire général n'était pas atteint. Néanmoins, il avait quitté Bourg croyant que son dernier arrêté aurait son effet. Mais dans le désarroi des refus, et en présence de dispositions douteuses sur l'esprit de la population, MM. Simonnet, Cochonnat, Saury et Pons quittèrent aussi la ville.

Avant leur départ, ils avaient eu avec M. de Champvans, à l'hôtel de l'*Europe*, une entrevue longue et vive; ils l'avaient en vain supplié d'accepter la direction de la commission. M. de Champvans repoussa toute proposition, toute alliance, avec une fermeté que rien ne put ébranler. « J'ai la conscience, disait-il, d'avoir bien rempli mon mandat, d'avoir été utile au pays, d'avoir contribué au raffermissement des idées d'ordre. Je tomberai, ajoutait-il, avec tous mes pouvoirs, ou je garderai tous mes pouvoirs : c'est ainsi que je comprends ma mission politique dans ce département. » M. de Champvans reprit ses pouvoirs, mais pour quelques instans seulement.

VIII. — Translation du chef-lieu de la Préfecture à Nantua.

Voici que trois membres de la commission, MM. Simonnet, Cochonnat et Saury, prennent la détermination, au moins étrange, de transférer le chef-lieu de la préfecture à Nantua. Leur arrêté, qui porte la date du 14 avril, est motivé sur les dispositions de la ville de Bourg, sur son irritation, sur les protestations que le chef-lieu a faites contre divers arrêtés, et enfin sur ce que le chef-lieu n'a pas le droit d'imposer sa volonté au département. Par ce même arrêté, il est interdit aux fonctionnaires de correspondre, pour les affaires de la préfecture, avec d'autres qu'avec les membres de la commission départementale.

Une proclamation respirant les mêmes idées suivait ces arrêtés. On y lisait notamment ces mots :

» Le citoyen commissaire-général s'étant présenté le 13 du courant avec la commission par lui instituée, les membres de la municipalité et les officiers de la garde nationale de Bourg ont déclaré que la réforme n'avait point leur approbation, et que, le cas échéant, ils refuseraient leur concours à l'autorité. M. de Champvans lui-même, après avoir accepté la mesure, s'est récusé » De là, des récriminations dans lesquelles on représente presque la ville de Bourg comme insurgée contre le gouvernement de la République.

A ce moment, les trois commissaires étaient installés à Nantua.

Ces diverses pièces furent apportées à Bourg par l'*Echo de la République*, journal qui se publiait à Nantua, et qui devint, dès-lors, la feuille *officielle* de la commission départementale.

IX. — Résistance du commissaire ordinaire aux actes de la
Commission.

Le conflit se complique aussitôt d'une proclamation de M. Champvans, *non révoqué*, déclarant qu'il y a *usurpation* de pouvoir de la part de la commission qui vient de s'installer à Nantua. Il prend en même temps un arrêté qui *révoque* de leurs fonctions de sous-commissaires MM. Simonnet, Saury et Cochonnat. Citons cet acte de l'administration de M. de Champvans ; c'est le dernier :

» Citoyens,

» D'après un journal du département de l'Ain, une commission remplaçant le commissaire du gouvernement se
serait installée à Nantua et formulerait des arrêtés. Le premier acte de cette prétendue commission aurait été de
transporter politiquement la préfecture à Nantua.

« Si les faits publiés par ce journal étaient exacts, il y
aurait usurpation de pouvoirs, et le commissaire du gouvernement prendrait immédiatement les mesures que né-
cessiterait la circonstance.

» *Le commissaire du gouvernement provisoire dans l'Ain,*

» CHAMPVANS. »

Bourg, 16 avril 1848.

Le 17 avril, on reçut, à Bourg, dans l'après-midi, les
arrêtés suivans de M. le commissaire-général qui mirent
fin au conflit de pouvoirs. Voici ces pièces qui ont bien
leur importance :

» *Le commissaire général du gouvernement provisoire dans
les départemens de l'Ain et du Jura.*

» En vertu des pouvoirs qui lui ont été conférés par le
gouvernement provisoire de la République,

» Vu la lettre du ministre de l'intérieur, en date du 12
avril, qui l'invite à user de ses pouvoirs pour révoquer le
citoyen Champvans, commissaire du gouvernement dans
le département de l'Ain ;

» Attendu que le citoyen Champvans a méconnu l'autorité du gouvernement dans la délégation qui en avait été
faite au commissaire général, en persistant à ne point correspondre administrativement avec celui-ci pour des affaires
de service, même de la plus extrême urgence ;

» Que notamment il a renvoyé avec mépris au commissaire général et refusé d'exécuter des arrêtés qui intéres-

saient l'ordre dans plusieurs communes, et risqué ainsi
de compromettre la paix publique et la vie même des citoyens ;

» Attendu qu'un si mauvais exemple donné par un fonc-
tionnaire d'un ordre élevé doit être réprimé ;

» Qu'il doit l'être d'autant plus sévèrement, que le citoyen Champvans y a persévéré durant près de trois semaines
avec une obstination dont les actes se renouvelaient chaque jour, et malgré les plus pressantes invitations de revenir à un meilleur sentiment de son devoir ;

» Qu'il doit l'être encore plus particulièrement sous un
gouvernement républicain dont tout la force gît dans le
sentiment absolu du devoir, dans un religieux respect de
l'autorité et de la loi ;

» ARRÊTE :

« Art. 1er. Le citoyen Champvans est révoqué de ses
fonctions de commissaire du gouvernement dans le département de l'Ain.

» Art. 2. Il remettra les archives et les bureaux de la
préfecture de l'Ain au citoyen Gauthier, nommé sous-commissaire à Bourg, par un autre arrêté de ce jour.

» Lons-le-Saunier, le 16 avril 1848.

» *Le commissaire général,*

» ANSELME PETETIN. »

Cet arrêté est suivi d'un autre qui confirme la détermination prise par les trois membres de la commission :

« *Le commissaire général du gouvernement provisoire dans
les départemens de l'Ain et du Jura.*

» En vertu des pouvoirs généraux qui lui ont été conférés
par le gouvernement ;

» Vu l'arrêté pris par la commission départementale de
l'Ain, en date du 14 avril ;

3

» Attendu que cette commission a cru, avec raison, ne pouvoir remplir son devoir au milieu de l'hostilité ouverte qui l'entourait à Bourg ;

» Attendu que les *dispositions manifestées en présence du commissaire général lui-même* par la municipalité et par le corps des officiers de la garde nationale de Bourg, ne pouvaient laisser l'espoir de trouver un secours pour l'ordre et pour l'autorité dans ceux-là mêmes qui sont chargés de les soutenir et de protéger la paix publique ;

» Arrête :

» Art. 1er. L'arrêté de la commission sus-mentionné, par lequel le siége de l'administration départementale est transféré provisoirement à Nantua, est confirmé.

» Art. 2. Les fonctionnaires qui devront se transporter de Bourg à Nantua, en recevront l'injonction individuellement et devront obéir sans délai.

« Art. 3. Le citoyen Gauthier, chef de division et ancien secrétaire-général de la préfecture de l'Ain, est nommé sous-commissaire à Bourg.

» Art. 4. Il recevra du citoyen Champvans, ci-devant commissaire du département, les archives et les bureaux de la préfecture.

» Art. 5. Des ordres ultérieurs seront adressés au citoyen Gauthier pour la suite des affaires administratives et le transfert des archives à Nantua.

» A Lons-le-Saunier, le 16 avril 1848.

» *Le commissaire général,*

» Anselme PETETIN. »

Ainsi, voilà le département de l'Ain dans la plus singulière situation et divisé en deux préfectures.

Tous ces arrêtés, tous ces considérans plus ou moins explicites qui révoquent M. de Champvans et qui *révoquent* aussi la ville de Bourg de son titre de chef-lieu, seraient difficiles à expliquer si nous n'avions, pour nous en rendre un compte complet, la correspondance fort active qui a suivi. M. Ans. Petetin était sur la brèche et à la moindre attaque dirigée contre lui, il répondait quelque part qu'il fût, tantôt de Nantua, tantôt de Lyon ou de Paris.

Dans une lettre écrite de Nantua le 11 avril à l'ex-commissaire, M. Ans. Petetin énumère tous ses griefs contre M. Champvans : « Uniquement préoccupé de votre candidature, dit-il, vous avez négligé absolument l'administration du département de l'Ain. »

On suppose que M. Ans. Petetin, malgré son habileté comme publiciste, a révélé dans cette phrase son principal grief. Nous devons dire ici que M. Anselme Petetin étant candidat aux élections de l'Ain pour la Constituante jalousait peut-être les suffrages qu'allait conquérir M. de Champvans. En lui enlevant toute autorité, toute influence, il pouvait, dès ce moment, paralyser aussi sa candidature. Il serait possible que, dans ce cas, le département de l'Ain eût été tout simplement victime d'une rivalité électorale. L'hostilité, l'antagonisme, l'esprit de parti n'avaient nulle part fait explosion de prime-abord dans les diverses contrées de l'Ain ; ils sont nés de la position même prise par les fonctionnaires du gouvernement de la République.

X. — Elections des représentans. — Election des maires et adjoints. — Une circulaire. — Démissions de sous-commissaires.

M. Ans. Petetin n'avait jusque-là fait que traverser le département de l'Ain ; il avait à peine paru une ou deux fois dans le Jura, sur lequel il avait aussi le droit d'exercer ses pouvoirs. Mais après la formation d'une commission destinée à diriger le département, après la révocation de M. de Champvans, après le transfert du chef-lieu de Bourg à Nantua, M. le commissaire général résida en grande partie à Nantua, passa plusieurs fois à Belley, et prit un rôle plus actif dans nos affaires départementales.

Nous ne parlerons ici que brièvement d'une correspondance qui suivit entre M. Champvans et M. Petetin, correspondance qui eut un trop long retentissement dans les journaux de l'Ain. M. le commissaire général s'efforçait de prouver, avec sa plume incisive et quelque peu irritable, que M. de Champvans avait méconnu son autorité à plusieurs reprises. — M. Champvans répondait, de son côté, qu'il n'avait pas méconnu son autorité puisqu'il lui avait abandonné l'Hôtel de la Préfecture à son arrivée à Bourg ; qu'il avait refusé, à la vérité, de contresigner certains arrêtés qu'il plaisait à M. le commissaire général de prendre dans ses tournées départementales, mais que n'ayant pas été consulté sur ces arrêtés il ne croyait pas devoir en assumer la responsabilité. D'ailleurs, disait-il, M. Anselme Petetin n'avait-il pas en mains tous les pouvoirs nécessaires pour donner à ses actes force de loi? On assurait qu'au nombre des ordres donnés par M. le commissaire général et méconnus, se trouvait celui de faire afficher dans les communes les fameux bulletins de la République sortis du cabinet de M. Ledru-Rollin. On sait de quel style ils étaient rédigés et quelles excitations ils contenaient.

M. de Champvans fut accompagné dans sa retraite par des marques non équivoques de sympathie. Personne n'ignorait alors qu'il avait terminé par ces lignes un rapport adressé à M. Ledru-Rollin sur l'esprit politique du pays : « Le département de l'Ain adhère franchement à la République, mais il veut être gouverné par des hommes honnêtes. » Et pourtant M. de Champvans était révoqué, parce qu'*il avait donné une mauvaise direction politique* au département. Il paraît que ce sont là les termes de la lettre de révocation écrite par le sous-secrétaire d'état.

Les élections approchaient, il fallait frapper un coup dé-

cisif. M. le commissaire général , par un arrêté daté de
Nantua 18 avril , décida tout-à-coup qu'il serait procédé le
dimanche 30 avril à l'élection des maires, adjoints et conseillers municipaux dans toutes les communes du département de l'Ain, d'après les listes arrêtées pour les élections
à la représentation nationale qui allaient avoir lieu.

Ainsi, voilà la première application du suffrage universel
dans l'Ain, décidée précipitamment par M. le commissaire
général. Pour la reconstitution des municipalités, ce n'était
pas peu de chose que de mettre en mouvement cette vaste
machine, ce suffrage universel jugé jusque là impossible.
Quel grave motif avait donc pu provoquer une décision qui
allait jeter dans une nouvelle agitation toutes les communes? « Attendu , disait un des considérans, que sous un gouvernement républicain il est de principe de consulter la
volonté du peuple toutes les fois qu'aucun *obstacle sérieux*
ne s'y oppose. » Evidemment ce n'est pas là un considérant
sérieux, car il s'ensuivrait que le peuple serait incessam-
ment appelé dans les comices toutes les fois qu'il n'y aurait
point d'obstacle , et qui est-ce qui déciderait s'il y a obstacle
ou non?

Les élections générales occupaient tous les esprits ; elles
étaient fixées au 23 avril ; la commission siégeant à Nantua
décida que les procès-verbaux du scrutin d'élection seraient
dépouillés à Nantua, le 26 avril, pour tout le département.
Cette décision avait augmenté l'irritation qui existait déjà
dans une partie de nos arrondissemens au sujet du trans
fert du chef-lieu à Nantua. On annonçait chaque jour la
cessation d'un état de choses si étrange et qui jetait la per-
turbation dans un pays habituellement paisible, et cependant rien n'aboutissait.

La commission continuait à résider à Nantua où elle
avait même appelé quelques-uns des employés de la préfecture. M. Simonnet , qui présidait cette commission ,

était depuis long-temps membre du conseil-général de l'Ain. Avoué à Nantua, son étude était une des plus occupées du département, et lui-même était versé dans l'administra⁻tion du pays.

M. Anselme Petetin, de son côté, faisait proclamations sur proclamations dans le but de diriger les élections vers les idées démocratiques. Il effaçait assez habilement sa candidature, mais il comptait sur ce proverbe populaire : *A bon entendeur demi mot.* Sa dernière proclamation se ter⁻mine par ces paroles : « Ne confiez pas cette tâche immense à des hommes équivoques par leur passé et qui ne cher-chent au milieu des émotions de cette grande journée, que les misérables satisfactions de l'ambition personnelle ou de la vanité. »

Un fait singulier se produisit tout-à-coup : une circulaire imprimée et portant la signature des trois membres de la commission de Nantua recommandait aux maires une liste de candidats en tête de laquelle figurait M. Anselme Petetin. M. Ans. Petetin démentit le caractère officiel de cette pièce et prescrivit aux maires de la faire enlever et de la lacérer. M. Simonnet, président de la commission départementale, se hâta aussi de décliner toute responsablilité officielle, de dénier la pièce compromettante et d'en rejeter la faute sur l'excès de zèle de quelques électeurs. Mais tout cela n'arri-vait-il pas quand l'effet était déjà produit sur presque tous les points du département ?

Ce n'était pas assez pour M. le commissaire général de reconstituer précipitamment les municipalités, d'après le suffrage populaire ; presque coup sur coup il décida que les citoyens inscrits sur les contrôles de la garde nationale pro-cèderaient à l'élection de leurs officiers. Ces nouvelles élec-tions furent fixées au 14 mai , et tout cela sans attendre les décrets du gouvernement provisoire ou les lois qu'allait faire l'Assemblée constituante.

Au même moment, M. Bernard, docteur-médecin à Montluel, sous-commissaire pour l'arrondissement de Trévoux, donna sa démission, en voyant que ses efforts pour faire réintégrer à Bourg le siége de l'administration départementale n'avaient pas obtenu un résultat favorable à la conciliation du pays. On sait aussi que M. Bochard avait fait à Nantua un voyage qui n'avait pas eu plus de succès.

Peu de jours après, l'exemple de M. Bernard fut imité par M. Gauthier, sous-commissaire pour l'arrondissement de Bourg, mais pas des motifs différens ; ils se plaignait d'avoir été injurié lors d'une réunion des membres du conseil municipal et des officiers de la garde nationale de Bourg.

Dans cette réunion, il avait été communiqué une lettre de M. Petetin annonçant son désir de réintégrer au plus tôt à Bourg le siége du département, mais il exigeait que les membres du conseil municipal et les officiers garantissent que la commission départementale pourrait siéger à Bourg sans risque d'y être menacée ni offensée. M. le commissaire général demandait une réponse par estafette.

Après la réunion tenue à ce sujet et qui avait été assez animée et fort significative, M. Charrassin, maire, répondit en retraçant toutes les promesses faites et déçues à propos du rétablissement du siége préfectoral ; il ajoutait en terminant : « Les membres du conseil municipal et le corps des officiers réunis par vos ordres me chargent de vous répondre que le dépouillement du scrutin général des élections, l'objet spécial de la sollicitude publique, étant en définitive fixé à Nantua, la ville n'a plus un intérêt si puissant à la réintégration ; qu'elle ne voit dans les refus successifs de la commission départementale qu'un conflit de personnes et que, dans l'état, elle n'attend d'autres solution que celles du gouvernement central auquel elle adresse une protestation à cet effet. »

XI. — Résultat des élections pour l'Assemblée constituante.
— Emeute à Trévoux.

Les élections étaient faites et le résultat du vote des 35 cantons officiellement proclamé. Tous les partis semblaient s'être unis dans une commune pensée pour faire sortir de l'urne les noms qui suivent, que nous accompagnons du nombre de voix par eux obtenues :

1° M. Bochard, avocat à Bourg 72,162
2° M. Regembal, tailleur de pierres à Bourg . . . 69,882
3° M. Charrassin, maire de Bourg. 56,985
4° M. Edgard Quinet, colonel de la garde nationale de Paris. 55,268
5° M. Tendret, maire de Belley. 49,263
6° M. Francisque Bouvet, journaliste 48,221
7° M. Bodin, propriétaire à St-André-de-Corcy. . 40,929
8° M. Champvans, ex-commissaire du gouvernement provisoire. 40,863
9° M. Jacques Maissiat, de Nantua, médecin à Paris. 37,220

Comme partout le nombre des candidats avait été considérable. L'idée de parvenir à la députation était éclose dans un grand nombre de cerveaux. C'était à qui publierait une profession de foi. On suppose que les 25 fr. par jour n'étaient pas sans attrait pour un grand nombre. Bref, il eut 76 candidats, parmi lesquels on comptait 8 professeurs, 8 médecins, 6 magistrats, 17 propriétaires.

Malgré l'anarchie qui régnait dans les pouvoirs dirigeant notre département, malgré le déplacement du chef-lieu qui jetait la confusion dans toutes les affaires administratives, les élections s'étaient faites avec assez d'ordre et assez de calme. Cette épreuve du suffrage universel, cet ébranlement nouveau de toutes nos populations des campagnes n'avaient point offert les dangers que l'on avait paru redouter.

Il y eut cependant à Trévoux, dans la journée du 23 avril, un mouvement populaire qui pouvait avoir des suites graves. M. Bodin, agriculteur distingué, candidat aux élections, fut accueilli par les cris menaçans d'un certain nombre d'électeurs réunis sur la place. On entendit distinctement ces mots : *A bas Bodin!* et d'autres plus significatifs ; il fut entouré par une foule exaspérée. M. Février, président du tribunal, et M. Bernard, sous-commissaire, intervinrent pour calmer la foule.

M. Petetin, commissaire-général, qui se trouvait à Trévoux, y fit preuve d'autorité et de courage ; il se présenta à la foule, lui fit comprendre que le gouvernement républicain, dont il était le représentant, voulait garantir la liberté électorale ; il déclara que, *lui vivant*, on n'attenterait point à la personne de M. Bodin ni à son droit civique, et il réussit à conduire M. Bodin dans une maison particulière pour le protéger contre de nouveaux dangers. Nous n'hésitons nullement à signaler ici l'honorable et ferme conduite que M. Ans. Petetin sut tenir dans cette circonstance difficile.

XII. — Nouveau démêlé sur le transfert préfectoral.

Une fois le grand acte électoral accompli, on s'attendait généralement à voir l'administration préfectorale enfin réintégrée au chef-lieu, mais il n'en fut rien ; le conflit continua ; les haines semblaient s'accroître de part et d'autre par suite de ce bouleversement administratif.

Dans les derniers jours de mai 1848, les membres du conseil municipal de Bourg et les officiers de la garde nationale de Bourg signèrent une adresse au gouvernement provisoire pour exposer la situation ; ils signalaient cet abus de pouvoir flagrant qui, sous le prétexte spécieux de troubles publics, avait transporté le chef-lieu à Nantua ;

ils se plaignaient de ce que les promesses faites par M. le commissaire général Petetin n'avaient point reçu leur exécution, et ils s'adressaient avec confiance au gouvernement provisoire pour qu'il mît un terme à cette anarchie departementale.

M. le commissaire général qui, de son côté, suivait le débat qu'il avait ainsi engagé, avec sa vivacité habituelle, justifiait ses actes par des lettres adressées successivement aux journaux. Il soutenait qu'il y avait eu péril pour la commission, que le désir d'apaisement, de conciliation se trouvait tout entier de son côté, que l'injustice et la *violence des procédés* se trouvaient du côté de Bourg. (Lettre de Nantua du 28 avril 1848.)

On voit, dès ce moment, percer la condition que M. Ans. Petetin voulait mettre au rétablissement de la préfecture; il voulait une sorte d'excuse de la *fameuse réunion* tenue à la préfecture dans laquelle son amour-propre avait été blessé au vif, et ses mesures dictatoriales si vivement combattues.

Mais le conseil municipal, les officiers de la garde nationale, la population toute entière repoussaient cet acte d'excuse et de soumission. Dans les conseils, dans les réunions publiques ou privées, partout éclatait cette pensée que c'était au gouvernement à apprécier l'état des choses, à voir s'il convenait de laisser plus long-temps à Nantua le siége préfectoral, tandis qu'à Bourg se trouvaient les archives, toutes les administrations. toutes les directions qui ont des rapports quotidiens, nécessaires, urgens avec les bureaux de la préfecture. Il était évident que la cessation de cet état de choses importait plus au gouvernement lui-même qu'aux citoyens individuellement. Bien plus la population de Bourg considérait comme une injure un transfert inoui dans les annales de ce temps. N'avait-elle pas raison? Dans beaucoup de villes, des commissaires du gouvernement provisoire ont été expulsés ou arrêtés, et nulle part ne fut prise une mesure pareille à celle qui frappait la ville de Bourg. Aujourd'hui encore, le gouvernement n'a-t-il pas de nombreuses formalités à remplir pour déplacer un chef-lieu de préfecture? Et l'Assemblée législative n'a-t-elle pas repoussé une demande du gouvernement, appuyée cependant sur les motifs les plus graves, en ce qui touchait le chef-lieu du département de la Loire?

XIII. — Départ pour Paris des représentans. — Troubles dans quelques localités.

Les représentans nommés dans l'Ain s'apprêtaient tous à partir pour Paris. M. de Champvans, ex-commissaire, élu représentant, adressait ses adieux aux populations de l'Ain. « Nous devons régler la liberté, disait-il, et ne pas l'étouffer sous de prétentieux systèmes ; nous devons constituer la République sur les bases éternelles de la famille, de la propriété et du travail, et non pas forger les fers d'une tyrannique organisation qui donnerait à l'état le soin de travailler et bientôt peut-être de penser pour tous les citoyens. » C'était déjà répondre au socialisme.

Tous nos mandataires partaient donc salués par d'unanimes acclamations et accompagnés des vœux de nos populations. On voyait en eux les fondateurs de cette Constitution qui allait mettre fin à l'inquiétude générale et à la crainte de voir déborder le torrent révolutionnaire. Plus particulièrement, on avait l'espérance que la majorité des représentans de l'Ain, obtiendrait bientôt du gouvernement un administrateur qui viendrait enfin prendre la direction des affaires et ramener à Bourg la concentration de l'autorité supérieure.

Mais la chose ne fut ni aussi facile ni aussi prompte qu'on l'avait espéré. Les tiraillemens du gouvernement provisoire, les luttes, les embarras qui existaient encore dans les hauts pouvoirs de l'état, dans le ministère de l'intérieur, quelques amours-propres en jeu, retardaient chaque jour la solution.

Pendant ce temps, les élections municipales se continuaient dans nos communes rurales. Le suffrage universel faisait sortir de l'urne et portait à la tête des affaires certains noms qui étaient loin de rassurer les esprits. Dans plusieurs localités, des menaces furent proférées contre d'honnêtes citoyens ; quelques curés furent expulsés brutalement de leurs paroisses, des vengeances individuelles s'exercèrent, tout cela cependant dans une limite restreinte et sans que l'émotion publique en fût bien vivement excitée.

Sur ces entrefaites, M. Ans. Petetin, commissaire général, qui séjournait à Nantua, crut devoir, par des avis sévères, rappeler aux maires leurs devoirs et aux citoyens l'obéissance. « La République, disait-il, ne doit pas être le signal du déchaînement des haines et le triomphe de la violence privée ou collective. » Il ajoutait : « que la République met au rang de ses premiers devoirs celui d'assurer la plus absolue liberté des cultes et la sûreté de leurs ministres. » Il invitait les maires à requérir au besoin les gardes nationales des communes voisines pour réprimer les violences et les atteintes à la liberté » (Lettre du 29 avril 1848 aux maires d'Ambronay et d'Ambérieu, *Journal de l'Ain* du 3 mai.)

Dans une autre lettre, M. Petetin (30 avril 1848) répondit à plusieurs citoyens de Peron qui lui avaient écrit contre leur curé :

« Je n'ai pas les pouvoirs nécessaires pour changer les desservans, pas plus celui de Peron qu'aucun autre. — Le gouvernement central lui-même est lié par des traités qui rendraient tout acte arbitraire de ce genre un attentat au droit des gens. — Si le curé a agi dans les élections en un sens qui vous a déplu, il usait de son droit de citoyen. Chacun était libre de se soustraire à son influence; il n'y a d'influence que celle qu'on veut bien accepter. « Après avoir fait sentir que les préférences ou les antipathies individuelles ne doivent pas prévaloir, M. Ans. Petetin ajoute :

« En tout cas, mon devoir ici comme ailleurs serait de ne pas le tolérer, et je ne le tolérerais pas. Ce ne sera pas de mon consentement que Peron, *pas plus que Bourg*, dictera à la France républicaine la loi de son caprice, de ses prédilections ou de ses haines. » (Lettre du 30 avril 1848.)

Assurément il n'y a rien que de très-ferme et que de très-convenable dans les avis et les conseils de M. Anselme Petetin, et l'on ne peut que déplorer l'erreur qui l'a porté un moment à chercher ses appuis dans des rangs où ne se trouvaient probablement ni ses sympathies, ni ses idées gouvernementales ou économiques.

XIV. — Clubs et réunions populaires.

Pendant tout le mouvement électoral, excité par le suffrage universel, les réunions préparatoires et les clubs avaient activement fonctionné sur divers points du département.

Il y avait à Bourg le club de la *Fraternité* qui représentait l'opinion républicaine modérée et où se discutaient avec assez de calme les idées sociales et les réformes populaires. Ce club tenait ses réunions dans la salle de Physique

Dans le même local, mais à des heures différentes, se tenait le club *démocratique* qui avait un programme beaucoup plus avancé, où déjà apparaissaient les idées démocratiques et sociales qui ont plus tard divisé les grands partis politiques du pays : c'était la Montagne en germe. Ce club publiait une feuille hebdomadaire sous le titre de : L'*Association démocratique*. Plusieurs numéros ont paru.

La ville de Nantua avait aussi son club marchant à peu près sur les mêmes traces.

A Belley, il avait une société populaire qui représentait des opinions diverses, où l'on se livrait à l'examen des différentes candidatures.

Dans presque tous les villages un peu considérables il y avait un club, et quand on manquait de local, la réunion avait lieu en plein vent, comme à Pont-de-Veyle. Là se discutaient souvent les doctrines les plus étranges, les systèmes les plus absurdes : tout était bon pour exciter l'émotion des habitans des campagnes. Il se fit alors dans quelques esprits de profonds ravages. Bien des efforts seront nécessaires pour les cicatriser.

XV. — Cessation des fonctions du commissaire général. — Nomination
d'un préfet de l'Ain. — Son refus d'accepter.

Le ministère ayant été définitivement constitué, à la date du 13 mai, par le pouvoir exécutif, on espérait que la question préfectorale qui occupait tous les esprits dans l'Ain recevrait enfin une solution. M. Recurt avait le ministère de l'intérieur avec M. Carteret pour sous-secrétaire d'état ; mais tout fut encore différé par suite de la journée du 15 mai, dans laquelle l'Assemblée nationale, présidée par M. Buchez, fut envahie et livrée un moment à l'insurrection populaire.

Alors cessèrent, par décision du ministre de l'intérieur du 18 mai, les fonctions de commissaires généraux dans les départemens. M. Ans. Pelctin se trouvait en ce moment à Paris, il était, suivant ce qui était répété par ses amis, en termes parfaits avec M. Carteret, sous-secrétaire d'état au ministère de l'intérieur. Il fit nommer ou plutôt il nomma, avant la cessation de ses pouvoirs, M. Cochonat, sous-commissaire pour l'arrondissement de Belley. Ajoutons en passant que le frère de M. Ans. Peletin fut, à ce moment, nommé préfet du Jura.

Ce fait indique assez que l'ex-commissaire général de l'Ain n'était pas sans influence dans les bureaux du nouveau ministère. Il arriva, en effet, à Bourg une lettre de M. Carteret, sous-secrétaire au ministère de l'intérieur ; elle était adressée à M. le maire de la ville avec invitation de réunir le conseil municipal et les officiers de la garde na_ tionale de Bourg pour qu'ils eussent à faire la demande de la réintégration de la préfecture de l'Ain à Bourg. C'était là évidemment une nouvelle sorte d'excuse, d'amende honorable qu'on exigeait.

Le conseil municipal et les officiers de la garde nationale s'en référèrent à leur précédente délibération. Il semblait raisonnable, en effet, que puisqu'il n'y avait pas de commissaire général, un préfet fût à l'instant nommé pour prendre en mains la direction des affaires, et puis c'était au gouvernement à voir s'il lui convenait de laisser sans direction une population de plus de 350,000 âmes. La loi était d'ailleurs manifestement violée en ce qui concernait le transfert de la préfecture. Le gouvernement, qui entrait dans des voies régulières, le voudrait-il plus long-temps ?

M. Ans. Peletin adressa de Paris sa proclamation d'adieu aux habitans de l'Ain ; il s'attache à justifier la nécessité dans laquelle il dit s'être trouvé de transférer à Nantua le chef-lieu préfectoral, et il ajoute :

« Le gouvernement, avant de reporter la préfecture à son siége ordinaire, a dû attendre de la ville de Bourg un témoignage de regret pour les condamnables manifestations qui avaient motivé le déplacement de ce siége ; le témoignage n'a pas été donné jusqu'ici. Mais j'espère que les questions de personnes et d'amour-propre disparaissant il sera offert sans difficulté. »

Dans la suite de cette longue lettre qui est datée de

Paris, 11 mai, M. Ans. Petetin, semble faire entendre que la mesure du déplacement de la préfecture lui a été pénible, cruelle même ; et il se fie au temps pour mettre à jour les nécessités qui l'y ont contraint ; il en rejette toute la responsabilité sur d'autres ; il engage ensuite les citoyens à l'obéissance ; il veut qu'on se dévoue à la République « pour la justice qu'elle promet, il faut qu'on l'aime pour le bien qu'elle fera. »

Tel est le résumé du dernier acte de M. Anselme Petetin comme commissaire général. On a dû regretter que cette intelligence si vigoureuse, que cette capacité reconnue dépensât ainsi, dans une longue polémique, dans des luttes stériles, des forces qui auraient pu fructifier ailleurs. M. Petetin fut, peu après, nommé ministre plénipotentiaire en Hanôvre.

Il était facile de voir d'ailleurs que plus il mettrait de persistance à vouloir une sorte de manifestation d'excuse de la part du conseil municipal et de la garde nationale, plus ces corps que rien ne pouvaient contraindre à cette démarche, se refuseraient à effacer le sentiment de leur dignité.

Au surplus, la Commission du pouvoir exécutif, qui dirigeait alors les pouvoirs de l'Etat, sentit enfin qu'il fallait faire cesser le bouleversement administratif. Un arrêté rendu le 20 mai 1848 était ainsi conçu : « Le citoyen Car- » teron est nommé préfet du département de l'Ain en rem- » placement du citoyen Champvans , élu représentant du » peuple. » — Ont signé : *Arago, Marie, Garnier-Pagès,* » *Lamartine et Ledru-Rollin* , membres de la commission »

On ne peut s'empêcher de remarquer les termes significatif de cet arrêté : *En remplacement du citoyen Champvans*, et non pas en remplacement de la commission départementale, exerçant à Nantua, en vertu des pouvoirs que lui avait conférés M. le commissaire général.

Dans un écrit publié par M. Ans. Petetin, (*Journal de Belley*), il était donné copie d'une lettre qu'il avait adressée à M. le ministre de l'intérieur pour lui demander de vouloir bien confirmer comme sous-préfets les hommes qu'il avait institués comme sous-commissaires, et notamment le citoyen Cochonnat pour la ville de Belley.

Dans les circonstances où se trouvait le pays, le nouveau préfet, M. Carteron, qu'on disait d'un haut mérite, était impatiemment désiré; il n'arrivait pas dans le délai fixé par les correspondances privées. On soupçonnait qu'il y avait de nouvelles entraves à son départ ou qu'il n'aurait pas accepté les instructions qu'on voulait lui donner.

XVI. — Travaux de la Commission départementale. — Ses attributions.

La commission de Nantua fonctionnait toujours; elle veillait de son mieux à la chose publique. M. Simonnet seul résidait à Nantua; les deux autres membres restèrent bien quelque temps à Nantua, mais bientôt leurs affaires personnelles exigeaient leur présence soit à Belley, soit à Gex.

Il fut décrété alors que la commission devrait toujours être au complet le samedi de chaque semaine. Elle examinait les samedi, dimanche et lundi (trois jours) les affaires à expédier et se séparait ensuite.

M. Simonnet, président de la commission départementale, constamment sur les lieux, avait reconnu l'impossibilité de fonctionner de la sorte; aussi, à l'occasion des affaires de Miribel, crut-il devoir demander au ministre de l'intérieur, par voie télégraphique, l'autorisation de fonctionner seul, lorsque la commission départementale ne serait pas réunie.

Les archives de la préfecture n'avaient point été déplacées, et, à dire vrai, leur transport à Nantua n'aurait pu être opéré sans obstacle de la part de la population. Quelques employés seulement de la préfecture avaient été appelés à Nantua et y avaient apporté les principaux élémens du service; mais la plupart des travaux administratifs se faisaient toujours à Bourg où les bureaux étaient restés organisés et expédiaient les affaires. La direction politique seulement partait de Nantua.

La commission départementale recevait toutes les dépêches et les renvoyait ensuite dans les bureaux de Bourg avec annotations, se réservant les affaires les plus pressées. M. Gauthier, sous-commissaire de l'arrondissement de Bourg, avait été délégué par elle pour le mandatement et l'expédition des affaires ordinaires. M. le commissaire général venait de temps à autre conférer avec la commission, s'enquérir de la situation du département. Il fut appelé plusieurs fois à prendre des décisions importantes dans l'intérêt de la tranquillité publique.

La commission départementale était installée à Nantua, dans les bâtimens de la sous-préfecture. Le conseil de préfecture ayant donné sa démission, beaucoup d'affaires urgentes étaient pendantes; la commission départementale crut devoir, dans l'intérêt des administrés, s'ériger en conseil de préfecture Elle a statué sur un grand nombre d'affaires, cumulant ainsi les doubles fonctions de préfet et de conseil de préfecture, soit tribunal administratif. Il arrive aujourd'hui que plusieurs des décisions rendues par la commission départementale, comme conseil de préfecture, sont attaquées, et qu'il y a appel devant le conseil d'Etat pour décider si elle avait qualité pour prononcer comme conseil de préfecture. Voilà un des inconvéniens qui résultent toujours lorsqu'on sort des voies légales et régulières.

XVII. — Evénemens de Montluel. — Séquestration des magistrats
de Trévoux. — Les Voraces.

Comme au chef-lieu, plusieurs manifestations avaient eu
lieu dans quelques autres villes du département; à Trévoux, nous avons vu la malveillance de quelques électeurs
se diriger contre la personne de M. Bodin, nommé plus
tard à la Constituante. A Montluel, à la fin de mars 1848,
le représentant de la magistrature, M. Burdin, juge-de-
paix, au caractère honorable duquel chacun se plaisait à
rendre hommage, dut cependant céder à la violence d'une
multitude qui, se croyant le droit d'usurper tous les pouvoirs, suspendit ceux que ce magistrat avait reçus de l'autorité supérieure. Maintenu par M. de Champvans, les au-
diences furent tenues dans cette ville par un suppléant,
jusqu'au moment où le calme se rétablissant, les droits de
l'autorité furent respectés.

Dans cette ville de Montluel, qui comptait une classe
ouvrière assez agitée, on vit plus tard une partie de la
population se porter avec fureur à la prison pour en faire
sortir quelques artilleurs qu'on y avait renfermés pour
cause d'insubordination. Les portes de la maison d'arrêt
furent enfoncées; les militaires délivrés furent portés en
triomphe par la ville; l'autorité civile fut impuissante à
réprimer ce mouvement. Le départ du régiment mit fin à
cette scène malheureuse qui se termina à Valence par la
condamnation des artilleurs dont les actes d'insubordination furent, dit-on, provoqués par les exaltés de Montluel.

Nous étions au 31 mai 1848, trois mois et quelques jours
après la proclamation de la République.

La commission de Nantua allait voir expirer ses pouvoirs lorsqu'elle fut appelée à faire acte de vigueur et
d'autorité dans l'arrondissement de Trévoux.

Il y avait sur la commune de Miribel des chantiers nationaux : en l'absence de travaux , qui n'étaient, du reste, que la chose accessoire, les ouvriers fabriquaient de la poudre ou fondaient des balles. Le club de la localité surveillait le tout. Des magistrats de Trévoux , MM. Jandèt, procureur de la République , Dupond , juge d'instruction, et Bréband , greffier du tribunal, furent chargés d'aller faire des perquisitions, et se rendirent à Miribel ; mais n'étant pas accompagnés de forces suffisantes, ils furent un instant retenus prisonniers par les ouvriers, dont quelques-uns montraient assez d'irritation. D'autres ouvriers dénoncèrent eux-mêmes au parquet de Lyon cet acte de la plus haute gravité.

Pendant que M. Loyson, avocat-général, arrivait de Lyon avec des détachemens de cavalerie et d'infanterie pour délivrer les magistrats retenus, la commission de Nantua se rendait aussi à Trévoux pour prendre les mesures nécessaires; elle se faisait appuyer par un bataillon du 25e léger qui se trouvait alors à Bourg , et qui partit précipitamment de cette ville. Les magistrats retenus furent rendus à la liberté après quelques heures de séquestration , et sans avoir été l'objet d'aucune autre violence.

Cette affaire se dénoua plus tard devant la cour d'assises de l'Ain; des condamnations furent prononcées contre quelques individus qui n'étaient pas étrangers aux bandes dites des Voraces formées à Lyon.

L'association des Voraces était, dans le principe, une corporation purement ouvrière; mais quand arrivèrent les événemens politiques , elle se trouva naturellement organisée pour jouer un rôle important dans les affaires fort inquiétantes de Lyon; elle lançait à volonté des détachemens sur les points de la contrée où il fallait exercer une certaine pression dans le sens populaire.

Ces bandes avaient répandu un moment la consternation dans les communes environnantes ; elles s'étaient

même signalées à Lyon par un acte d'une audace inouïe ;
c'est l'enlèvement de M. Tabouret, nôtre compatriote, qui
était alors substitut du procureur de la République. Il fut
saisi au sortir de son domicile, entraîné à la Croix-Rousse,
retenu prisonnier pendant 48 heures, et cela aux portes
d'une ville qui avait des autorités militaires et judiciaires
d'un ordre élevé.

Dans les petites communes de notre département placées
sur les bords du Rhône ou de la Saône, les autorités
veillaient, les gardes nationales avaient un service très-
actif de jour et de nuit pour résister aux excursions des
Voraces.

Ces circonstances faisaient surtout sentir le besoin d'une
autorité forte, rapide et concentrée dans le chef-lieu, pour
de là se porter partout où il serait nécessaire.

XVIII. — Nomination de M. Dézé comme préfet de l'Ain. — Dépêches
télégraphiques concernant Louis-Napoléon. — Bourg, quartier-général d'une division de l'armée des Alpes.

Sur ces entrefaites on apprend que M. Carteron n'accepte
plus la préfecture de l'Ain, qu'il est nommé directeur des
archives nationales au ministère des affaires étrangères ;
il est remplacé par un de ses amis, M. Dézé, ancien
élève de l'école Polytechnique. C'était un nouveau contre-
temps dans les espérances dont la population se berçait depuis long-temps. Si elle désirait vivement l'arrivée du
premier magistrat du département, c'est qu'elle comprenait
toute la nécessité de sa présence.

Enfin, le 6 juin, la commission exécutive signa la nomination de M. Dézé, qui fut enregistrée au *Moniteur*.

Il parait que la commission de Nantua avait demandé
alors au ministre de l'intérieur de cesser ses fonctions, car
une dépêche de M. Recurt aux citoyens commissaires, en

leur annonçant la nomination de M. Dézé, ajoute : « Jusqu'à son arrivée, j'autorise celui de vous qui réside à Nantua à remplir *seul* les fonctions préfectorales lorsque ses deux collègues seront absens. »

M. Cochonnat partit pour Belley le 13 juin, et M. Saury regagna le même jour la ville de Gex. M. Simonnet resta seul chargé de l'administration départementale.

Un mot ici sur la marche générale des affaires.

Louis-Napoléon Bonaparte, nommé dans plusieurs départemens, venait d'être admis représentant à l'Assemblée constituante. Une dépêche télégraphique, adressée quelques jours auparavant aux préfets, leur enjoignait de le faire arrêter, et le lendemain une autre dépêche les invitait à laisser passer M. Louis-Napoléon Bonaparte que l'Assemblée constituante venait d'admettre parmi ses membres. » Regardez comme non avenus les ordres dont il s'agit dans » la dépêche télégraphique d'hier. »

Voilà les vicissitudes de la fortune politique ... Et celui que signalait ainsi une dépêche télégraphique devait, plus tard, être proclamé président de la République par six millions de suffrages.

M. Recurt était alors ministre de l'intérieur. Il entrait dans une voie régulière et manifestait des sentimens d'un républicanisme honnête et modéré. Il venait d'adresser aux préfets une circulaire pour les inviter à s'opposer énergiquement aux publications immorales et obscènes qui se multipliaient avec une impunité scandaleuse.

Par une autre circulaire, en date du 17 juin, M. Recurt essayait de donner une direction sagement politique à l'action des préfets; il les invitait à contenir les républicains impatiens comme à réprimer tout acte sentant la réaction. » Nos fautes, disait-il, pourraient seules offrir des chances » à la réaction. » Après avoir recommandé aux préfets

une énergie intelligente et sage, il les engageait à user de
bienveillance et de justice pour faire aimer la République.
« Que le gouvernement populaire, ajoutait-il, soit le raffer-
» missement de la famille et de la propriété, ces deux
» bases indestructibles de l'ordre social. »

Assurément, l'idée républicaine n'aurait fait que des
conquêtes, si elle s'était toujours exprimée ainsi.

Le gouvernement avait organisé alors, pour parer aux
événemens d'Italie, l'armée des Alpes qui se composait de
60 bataillons d'infanterie, de 50 escadrons de cavalerie,
d'une bonne artillerie, le tout formant un corps d'armée
d'environ 50 mille hommes échelonnés depuis le Jura jusqu'à Marseille.

La ville de Bourg avait pour garnison deux bataillons
du 25e léger avec l'état-major et deux batteries d'artillerie.
Le général de division Magnan y amena plus tard son
quartier-général avec les gendarmes de l'armée des Alpes
et une compagnie du génie. Les généraux de brigade Re-
naud et Alexandre étaient aussi à Bourg sous ses ordres.

XIX. — Arrivée du premier préfet de la République à Bourg.

Le jeudi 23 juin, à dix heures du soir, M. Dézé, premier
préfet de la République, arriva à Bourg. Malgré l'heure
avancée de la soirée, le bruit de son arrivée fut répandu
en ville avec la promptitude de l'éclair. Le besoin qu'on
avait de sentir enfin la main de l'autorité après de longs
jours d'attente et d'inquiétude, fit pressentir, ce semble,
la présence du nouveau préfet. Il fut comme deviné à son
entrée en ville qui eut lieu cependant sans aucun appareil.
Il fut entouré à son entrée à la préfecture, et malgré la 10e
heure de la soirée, on put encore réunir la musique du
corps des pompiers qui vint donner une sérénade sous les
fenêtres de la préfecture.

M. Dézé descendit, accompagné de M. Bergier, adjoint
alors à la mairie, et s'exprima ainsi :

« Je vous remercie, Messieurs, de votre accueil cordial
» et sympathique. Il s'adresse moins à moi qu'à vos dignes
» représentans. Ce sont eux qui m'ont désigné au choix du
» gouvernement. Je justifierai leur confiance. Comptez sur
» moi. »

Dans les réceptions qui eurent lieu le lendemain, M.
Dézé annonça positivement qu'il rétablissait à Bourg le
siége de l'administration départementale; que c'était là,
d'ailleurs, l'intention formelle du ministre de l'intérieur.

Parmi les discours adressés au nouveau préfet, on re-
marqua celui de M. Favre-Gilly, président du tribunal de
Bourg, qui caractérisait parfaitement l'état des esprits.

« Toute la population, disait-il, partageait notre juste
» impatience de voir les rênes administratives, trop long-
» temps dispersées et flottantes, se rallier dans une seule
» main qui les ramène à leur vrai centre d'activité et de
» dignité. Sous ce rapport, M. le préfet, votre seule arri-
» vée est déjà un bienfait pour le pays. Soyez-y le bien-
» venu. »

Dans toutes ses réponses, le nouveau préfet répéta qu'il
venait accomplir une mission d'ordre et de conciliation.

Peu de jours après, M. Dézé adressait sa proclamation
aux habitans du département; elle était à la fois ferme et
sage; il commentait les mots : *Liberté, Egalité, Fraternité,* et terminait par ces paroles :

« Citoyens, soyons dignes des temps où nous vivons;
» que notre patriotisme ne mesure pas à la République les
» sacrifices qu'elle nous demande.... Préparons - nous
» enfin pour ce régime nouveau qui, en consolidant la
» République, ouvrira à notre patrie une ère féconde en
» grandeurs et en prospérités. »

Les sanglantes journées de juin venaient d'éclater à

Paris. La garde nationale et l'armée avaient vaincu la plus formidable insurrection populaire qui eût jamais épouvanté la capitale. Six ou sept généraux étaient morts pour la défense de l'ordre et des lois; l'archevêque de Paris tombait sur une barricade où il apportait le symbole de la paix. Le général Cavaignac se trouvant investi du pouvoir exécutif, la cause de l'ordre légal et de la stabilité du pays venait d'être fortifiée de nouveau. Il ne restait plus qu'à pleurer sur ces luttes fratricides, fruit du déchaînement de passions violentes et désordonnées.

Une nouvelle proclamation de M. Dézé vint rassurer les esprits et leur montrer combien devait être instructif le spectacle déchirant des guerres civiles : c'était, disait-il, le suprême effort des ennemis conjurés contre les institutions. Il ajoutait en s'adressant aux habitans de l'Ain :

« Ces heures d'attente solennelle, alors que se déci-
» daient, dans un combat désespéré, nos destinées com-
» munes, vous ont trouvés prêts à vous joindre à ce mou-
» vement unanime qui précipitait la France entière au
» secours de l'ordre social menacé. — La victoire de vos
» frères vous a arrêtés; ils ont vaincu pour vous. »

En effet, à mesure que parvenaient, à Bourg, les dépêches télégraphiques annonçant les diverses phases de la fatale insurrection de juin, une inquiétude douloureuse a régné dans les esprits, jusqu'à ce qu'on connût enfin la victoire si chèrement achetée.

Le club démocratique de Gex et la garde nationale de Nantua envoyèrent des adresses de félicitation à la garde nationale de Paris. Des corps de volontaires étaient tout prêts à s'organiser dans le pays de Gex et dans d'autres localités pour voler à Paris, si cela devenait nécessaire. Plusieurs villes de France, même assez éloignées de Paris, comme Besançon, ont pu envoyer des bataillons de garde nationale au secours de leurs frères d'armes de la capitale.

XX. — Dernière proclamation de la commission de Nantua.

Pour rester fidèle à la loi d'impartialité que nous nous sommes imposée dans le cours de ce récit, nous devons dire qu'une dépêche du ministre de l'intérieur à la commission de Nantua, lui annonça que c'était par erreur que la nomination de M. Carteron portait qu'il remplaçait le citoyen Champvans. « Je me plais à reconnaître, dit le » ministre, les services de la commission. Loin de la dé- » savouer, je la remercie. »

La commission de Nantua termina sa mission par une longue proclamation adressée aux habitans de l'Ain, dans laquelle elle rendait compte de tous ses actes et des motifs qui l'avaient décidée à transporter à Nantua le siége de l'administration préfectorale. C'était un récit de toutes les scènes qui avaient eu lieu à Bourg entre M. Petetin, M. de Champvans et les membres de la commission. Cette pièce est consignée en entier dans les journaux de l'Ain. (Juillet 1848.)

M. Charrassin, membre de l'Assemblée constituante, vivement attaqué par ce document, répondit de Paris avec non moins de vivacité sur les faits qui le concernaient particulièrement.

Mais cette revue rétrospective n'intéressa que faiblement ; de trop grands et de trop douloureux événemens venaient d'affliger le pays ; il y avait d'autres préoccupations dans les esprits. Il semblait enfin qu'il n'y avait pas eu péril et péril assez imminent en la demeure, pour que la commission dût prendre la résolution à laquelle elle avait été entraînée, et nous croyons que c'est le témoignage de l'histoire que nous consignons ici.

Au surplus, on était, au chef-lieu, comme ailleurs, disposé à tout oublier et à ne pas rompre ces liens de dé-

vouement, de patriotisme, qui unissaient depuis longues
années le Bugey à la Bresse, et qui les ont toujours portés
à se secourir mutuellement en toute circonstance. On était
las de ces petits démêlés d'un coin de la France en présence de l'immense avenir qui s'ouvrait devant la nation
tout entière, avenir plein de périls et d'espérances tout à la
fois.

XXI. — Publications politiques. — Journaux.

Nous touchons à la fin de la tâche que nous nous sommes
donnée, celle de retracer les événemens accomplis dans
notre département depuis le moment où y fut proclamée la
République jusqu'à l'arrivée du premier préfet envoyé
pour y régulariser le régime nouveau, et à la nomination
du président de la République. Désormais les choses vont
suivre une marche moins compliquée, moins extraordinaire, sans que les esprits aient retrouvé cependant leur
calme habituel.

Le temps pendant lequel le chef-lieu a été transféré à
Nantua a duré 70 jours, depuis le 14 avril, date de l'arrivée du commissaire général, jusqu'au 22 juin, jour de
l'arrivée de M. Dézé. Les employés de la préfecture que la
Commission avait appelés à Nantua rentrèrent, dès ce moment, au siége de l'administration.

Pendant tout cet espace de temps, qui comprit les
élections de la Constituante, les presses de l'Ain fonction-
nèrent avec une grande activité. Indépendamment du
Journal de l'Ain et du *Courrier de l'Ain*, il fut publié à
Bourg un *Journal-affiche* rendant compte des délibérations
et des votes du comité électoral; le journal de l'*Association
démocratique*, consacré aux discussions de cette association:
quelques numéros seulement de ces deux feuilles ont paru.
On vit éclore aussi le *Journal de Trévoux*, le *Bugey*, à Belley,
la *Sentinelle de l'Ain*, devenue plus tard le *Vigilant*, im-

primée à Gex par un typographe venu de Genève et dont la position fut régularisée plus tard. Nantua avait l'*Echo de la République*, qui succédait au *Patriote* et au *Réveil de l'Ain*. On peut encore ajouter à ces organes de la publicité la *Mouche*, imprimée à Mâcon, mais rédigée à St-Laurent par le docteur Ordinaire qui la répandit sur tout le littoral de la Saône.

Les imprimeurs de l'Ain ont édité environ 40 professions de foi au moment des élections et un assez grand nombre de proclamations des commissaires du gouvernement. A cela il faut ajouter le *Recueil des Actes administratifs* et le *Journal d'Agriculture* de l'Ain qui n'a pas été interrompu.

On voit, par cet aperçu, avec quelle activité notre département a pris part au mouvement qui entrainait alors tous les esprits. Le Bressan avait perdu cette apathie que lui ont attribuée les chroniqueurs et les légendes.

XXII. — Election de Louis-Napoléon, président de la République.

Le retentissement de cette prodigieuse secousse révolutionnaire se continua encore jusqu'à l'élection du président de la République, au 10 décembre 1848. Le scrutin dépassa dans cette journée toutes les prévisions. Il y eut 83,301 votans sur 91,840 électeurs inscrits.

Louis-Napoléon Bonaparte réunit *soixante-douze mille cent dix voix;* le général Cavaignac, 8,785; et le parti Ledru-Rollin ne put reporter sur son chef que 1,251 suffrages. Il était reservé aux élections du 13 mai 1849 d'offrir un des plus rares témoignages de l'inconstance populaire et de la facilité avec laquelle on peut précipiter le suffrage universel dans les voies les plus opposées et aussi les plus périlleuses pour l'avenir d'une grande nation.

Le président de la République, Louis-Napoléon Bonaparte, acclamé par plus de six millions de suffrages, de-

vait bientôt faire luire sur le pays un rayon d'espérance.
Le nom de Napoléon, proscrit jadis, nous est apparu
comme un symbole d'ordre au milieu de nos tempêtes civiles, plus terribles et plus menaçantes que la guerre avec
l'étranger. Le département de l'Ain a ressenti vivement cet
élan patriotique qui portait en tous lieux le nom de Napoléon; il a couru comme un bruissement mystérieux à tra-
vers les sillons de nos campagnes; et nos paysans, oubliant
les combats qui jadis avaient moissonné leurs fils, ne
voyaient dans le neveu de Napoléon que l'héritier du
grand organisateur politique et le sauveur de l'ordre social.

Tel est le point d'arrêt du mouvement révolutionnaire
où doit se terminer cette Notice historique sur un épisode
qui n'est pas sans intérêt dans nos annales.

XXIII. — Dernières réflexions.

Les élections du 13 mai 1849, où l'opposition démocratique et sociale obtint un triomphe si complet et si inat-
tendu, l'état de siége du département, formeront peut-être
plus tard un second Mémoire. Le département de l'Ain, si
calme par nature, si soumis aux lois, déborda tout-à-coup
hors de ses limites habituelles; il se ressentit à la fois de
tous les vents brûlans qui soufflaient sur ses zônes si diverses. Lyon nous envoyait sa propagande socialiste; Genève
faisait arriver jusqu'à nous ses idées radicales par les mon-
tagnes du pays de Gex et du Bugey; le Jura et Saône-et-
Loire nous avaient entraînés dans leurs doctrines de vieille
opposition. Des orateurs nomades, des journaux de propagande démocratique, toutes les excitations sociales ou politiques décidèrent le mouvement et poussèrent nos labo-
rieux paysans vers les candidats de l'opposition qui s'inti-
tulait déjà la *Montagne.*

Etait-ce là le véritable moyen d'arriver au salût du pays?

L'avenir prononcera d'une manière irrévocable. On ne pousse pas long-temps une nation où elle ne veut point aller et où elle ne doit point aller. La France est trop riche en grandes intelligences qui ne peuvent subir le caprice d'hommes exaltés.

Si le régime républicain convient à la France, ce n'est pas, dans tous les cas, la République comme quelques-uns voudraient nous la faire, violente, radicale et étouffant dans ses bras tout ce qui donne de l'impulsion aux lettres et aux arts. Jamais la France ne subira ce régime. Nous aussi, nous voudrions le règne d'une démocratie sage, modérée, religieuse comme l'étaient nos pères ; mais nous craignons bien que la démocratie ne trouve là encore, en fin de compte, qu'une illusion comme il y en a tant dans la vie des peuples.

Châteaubriand voyant, dès l'année 1829, se former à l'horizon ces orages des révolutions qui ont éclaté sur nos têtes, écrivit ces lignes que les hommes, jeunes ou vieux, exaltés ou modérés, ne sauraient trop recueillir dans le calme de leur pensée, lorsqu'ils jettent un regard sur les destinées futures de notre patrie :

« Que les jeunes générations se bercent d'espérances :
» avant de toucher au but, elles attendront de longues
» années ; les âges vont au nivellement général, mais ils
» ne hâtent point leur marche à l'appel de nos désirs : le
» temps est une sorte d'éternité appropriée aux choses
» mortelles ; il compte pour rien les races et leurs dou-
» leurs dans les œuvres qu'il accomplit. »

TABLE.

—